本书知晓清朝

本书编写组◎编

世界图书出版公司
广州 · 北京 · 上海 · 西安

图书在版编目（CIP）数据

一本书知晓清朝 /《一本书知晓清朝》编写组编 . —广州：广东世界图书出版公司，2010. 8（2024.2 重印）

ISBN 978 - 7 - 5100 - 2515 - 0

Ⅰ. ①一… Ⅱ. ①一… Ⅲ. ①中国 - 古代史 - 清代 - 通俗读物 Ⅳ. ①K249. 09

中国版本图书馆 CIP 数据核字（2010）第 151920 号

书　　名	一本书知晓清朝 YIBENSHU ZHIXIAO QINGCHAO
编　　者	《一本书知晓清朝》编写组
责任编辑	马立华
装帧设计	三棵树设计工作组
出版发行	世界图书出版有限公司　世界图书出版广东有限公司
地　　址	广州市海珠区新港西路大江冲 25 号
邮　　编	510300
电　　话	020-84452179
网　　址	http://www.gdst.com.cn
邮　　箱	wpc_gdst@163.com
经　　销	新华书店
印　　刷	唐山富达印务有限公司
开　　本	787mm × 1092mm　1/16
印　　张	13
字　　数	160 千字
版　　次	2010 年 8 月第 1 版　2024 年 2 月第 9 次印刷
国际书号	ISBN　978-7-5100-2515-0
定　　价	59.80 元

前　言

清朝是继明朝之后中国历史上最后一个封建君主专制王朝，也是中国历史上继元朝之后第二个由少数民族统治中国全境的封建王朝。公元1616年，努尔哈赤建立后金，定都于赫图阿拉。公元1636年，清太宗皇太极称帝，改国号为大清。公元1644年，大明王朝被李自成推翻，原明将吴三桂引清兵入关，并联合清军大败李自成的大顺军，随后多尔衮迎顺治帝入关，并定都北京，清朝自此取代明朝成为整个中国的实际统治者。

自建国到灭亡，大清王朝历经了天命汗爱新觉罗·努尔哈赤、清太宗爱新觉罗·皇太极、清世祖顺治帝爱新觉罗·福临、清圣祖康熙帝爱新觉罗·玄烨、清世宗雍正帝爱新觉罗·胤禛、清高宗乾隆帝爱新觉罗·弘历、清仁宗嘉庆帝爱新觉罗·颙琰、清宣宗道光帝爱新觉罗·旻宁、清文宗咸丰帝爱新觉罗·奕詝、清穆宗同治帝爱新觉罗·载淳、清德宗光绪帝爱新觉罗·载湉、清宪宗宣统帝爱新觉罗·溥仪十二帝，共计268年。

清朝是由满族建立的封建王朝，也是中国历史上统一全国的大王朝之一。清朝的人口数量是历代封建王朝之最，清末时期达到4亿以上。清朝大力开拓疆土，鼎盛时期领土达1300多万平方公里。为了缓和阶级矛盾，清朝初期实行奖励垦荒、减免捐税、与民休息的政策，因此清朝的社会经济迅速发展。到18世纪中叶，清朝的封建经济发展到一个新的高峰，历史上称之为“康乾盛世”。

康熙年间，统一了台湾，并与俄国签订了《尼布楚条约》，划定了中俄东段边界；乾隆时期，平定了准噶尔、回部叛乱，统一了新疆。清朝统治者还采取了一系列政策，发展边疆地区的经济、文化和交通，这些举措不仅巩固了中国多民族国家的统一，奠定了现代中国的版图，而且大大增强了中华民族的团结力和凝聚力。

虽然清朝统治者采取了很多有利于国计民生的政策和措施，但是

作为封建统治者，他们还是不可避免地实行了一些错误的或不合理的统治政策，诸如民族分治的民族政策；大兴文字狱以压制汉族进步思想；对外实行海禁，闭关锁国，蔑视外国先进思想和技术等等。这些政策虽然在一定程度上维护了清朝的疆域扩张及社会稳定，但却导致了很多此起彼伏的民族矛盾和阶级矛盾，也铸就了清朝末期中国落后挨打的命运。

自从鸦片战争以后，西方列强纷纷以武力逼迫中国开放市场，并签订了割地赔款等一系列不平等条约，中国从此陷入半殖民地半封建社会的深渊。19 世纪末期，轰轰烈烈的义和团运动直接导致了八国联军的入侵，庚子赔款后满清王朝已无力再振。清政府在西方列强坚船利炮的威胁下，虽然实行了洋务运动和维新变法，但由于没有触动封建统治的根本，再加上当时的中国早已极度贫弱，因此最终导致了近代中国的衰落。

公元 1911 年，辛亥革命爆发，各省纷纷宣布独立。末代皇帝溥仪于公元 1912 年 2 月 12 日宣布退位，满清王朝正式灭亡。

统一和相对稳定的政治环境加上统治者有利发展的统治政策，使得清朝在经济、科技、文化方面都取得了不错的成绩。经济方面如农业的大发展，农作物品种的增多，《钦定授时通考》、《广群芳谱》、《补农书》等农学著作的问世；科技方面如天文学、地理学、数学、医学、建筑工程学等的发展；文化方面如《四库全书》是我国古代最大的一部官修书，也是我国古代最大的一部丛书，曹雪芹的《红楼梦》被认为代表着中国古典小说的最高水平，《聊斋志异》、《儒林外史》以及晚清谴责小说在中国文学史上都有很大的影响，我国的“国粹”京剧在清代基本形成等等。

本书共分为五章，分别讲述清朝著名皇帝、著名皇后、文臣武将、著名历史事件以及清朝的科技文化成就。书中内容言简意赅、通俗易懂，集知识性与故事性于一体，让您在轻松愉悦的阅读中，全面了解和把握大清王朝的历史。不过，由于编者的知识水平有限，书中难免会有一些不妥和错误，敬请广大读者朋友批评指正。

目　录

文臣武将篇

著名事件篇

科技文化篇

著名皇帝篇

努尔哈赤是如何建立后金政权的？

随着明王朝的政治日益腐败，边防也日益松弛，我国东北地区女真族的一支——建州女真乘机扩大势力，逐渐强大起来，其首领是爱新觉罗·努尔哈赤。

爱新觉罗·努尔哈赤，原姓夹古氏，后改姓爱新觉罗，名努尔哈赤，号淑勒贝勒，出生于建州左卫苏克素护部赫图阿拉城（后改为兴京，今中国辽宁省抚顺市新宾满族自治县）。父亲塔克世是建州左卫指挥，母亲是喜塔拉氏。

努尔哈赤出生于建州女真的贵族家庭。祖父觉昌安和父亲塔克世都是建州女真的贵族，而且明朝封为建州左卫的官员。努尔哈赤自幼就练习骑马射箭，习得一身好武艺。10岁那年，努尔哈赤的母亲去世，由于他的继母待他不好，努尔哈赤迫不得已离开家庭，与当地小伙伴到莽莽林海里打猎、挖人参、采松子、拾蘑菇，然后把这些山货带到抚顺去卖掉，挣钱生活。抚顺的集市非常热闹，女真人经常在那里用山货跟汉人交换铁器、粮食、盐以及纺织品。努尔哈赤在抚顺接触了很多汉人，学会了汉文，而且他还很喜欢读《三国演义》、《水浒传》之类的小说。

建州女真有一些部落互相攻杀。明朝总兵李成梁利用建州各部之间的矛盾来加强统治。努尔哈赤25岁那年，建州女真部有个土伦城的城主尼堪外兰，引领明军攻打古勒寨城主

阿台。阿台的妻子是觉昌安的孙女。觉昌安闻讯后，带着塔克世到古勒寨去探望孙女。正巧碰上明军攻打古勒寨，觉昌安和塔克世在混战中都被明军杀死。

努尔哈赤打算报仇，但是想到自己势孤力弱，不敢得罪明军，于是把一股怨恨之气全集中在尼堪外兰身上。他跑到明朝官吏那里央求说："杀死我祖父、父亲的是尼堪外兰，只要你们把他交给我，我也就甘心了。"明朝官吏只把努尔哈赤祖父、父亲的遗体交还给他，但拒不交出尼堪外兰。

努尔哈赤满腔悲愤回到家中，翻出了他父亲留下的 13 副盔甲，分发给他手下的兵士，并带领他们向土伦城进攻。努尔哈赤英勇善战，尼堪外兰根本不是他的对手，狼狈逃走。努尔哈赤因此攻克了土伦城，进而继续追击，趁机又征服了建州女真的另外一些部落。尼堪外兰东奔西逃，最后逃到了鄂勒珲(今齐齐哈尔附近)，请求明军的保护。努尔哈赤也追到那里。明军见努尔哈赤不肯罢休，担心因此引起战争，就让努尔哈赤杀了尼堪外兰。

努尔哈赤杀了尼堪外兰之后，声势越来越大。短短几年的时间，就统一了建州女真。这就引起女真族其他部落的恐慌。当时的女真族共分为三部，除了建州女真之外，还有海西女真和"野人"女真。其中海西女真的叶赫部最为强大。公元 1593 年，叶赫部联合了女真、蒙古九个部落，结成联盟，合兵 3 万，分 3 路向努尔哈赤进攻。

努尔哈赤闻讯后，立即做好迎战的准备。他在敌军的必经之路上，设下精兵埋伏；在路旁山岭，安放了滚木石块，一切安排妥当后，就安安稳稳地睡起大觉来。他的妻子看到他这样，就把他推醒，然后问他："九部兵来攻打，你怎么睡起觉来，难道你真的被吓糊涂了？"努尔哈赤听完笑着说："如果我害怕，就是想睡也睡不着了。"

第二天，建州派出的探子回报说敌兵人数众多，将士们听了也有些害怕了。努尔哈赤于是解释说："别害怕，现在我们占据险要地形，敌人虽然多，但不过是乌合之众，一定互相观望。倘若有哪一个领兵先攻，我们就杀他一二个头目，不怕他们不退兵。"

九部联军到了古勒山下之后，见到建州兵在山上严阵以待，于是先派出100骑兵挑战。叶赫部一个头目还没等冲过来，马就被木桩绊倒了，建州兵士上去把他杀了。另一头目见此情景被吓坏了。这样一来，九部联军失去了统一指挥，纷纷四散逃窜。努尔哈赤乘胜追击，击败了叶赫部。又过了几年，努尔哈赤基本上统一了女真各部。

努尔哈赤在统一女真各部的过程中，把女真人编为8个旗。旗既是一种行政单位，又是一种军事组织。每旗下面分成很多牛录，每个牛录300人，平时耕田打猎，战时打仗。这样既推动了生产，又增强了战斗力。为了麻痹明朝，努尔哈赤继续向明朝朝贡称臣，由于明廷认为努尔哈赤态度恭顺，于是封他

为龙虎将军。努尔哈赤还曾多次到北京，亲自侦察明朝政府的虚实。公元1616年，努尔哈赤认为时机成熟，于是在八旗贵族的拥护下，在赫图阿拉（今辽宁新宾附近）即位称汗，称为“复育列国英明汗”，国号大金，为了和过去的金朝区别，历史上把它称为后金。公元1618年，努尔哈赤颁布“七大恨”，起兵反明。次年3月，后金发动萨尔浒之战，大败明军，取得了决定性的胜利。

公元1621年，努尔哈赤迁都辽阳，兴建东京城。公元1625年，再一次迁都至沈阳，并把沈阳改称盛京。公元1626年1月，在攻打由明朝著名大将袁崇焕镇守的宁远时，努尔哈赤被葡萄牙制的红夷大炮击伤，数月后死于回沈阳的路上。终年68岁。

努尔哈赤死后葬于沈阳福陵（今沈阳东陵），庙号“太祖”。

皇太极为巩固自己的统治采取了哪些措施？

爱新觉罗氏皇太极，后金君主，大清王朝的创建者，史称清太宗。爱新觉罗氏是努尔哈赤第八子，杰出的政治家、军事家、战略家、军事统帅。

皇太极出生于明万历二十年（公元1592年），从小就受到父亲努尔哈赤的喜爱，皇太极的生母叶赫那拉氏，名叫孟古姐姐，是女真叶赫部首领杨佳努之女。杨佳努为了和努尔哈赤结盟，把小女儿许配给他。万历十六年（公元1588年），她和努尔哈赤成婚，努尔哈赤时年已经30岁，而新娘只有14岁。虽然努尔哈赤已有众多妻子和儿女，但他与叶赫那拉氏感情甚笃，喜欢她只知侍奉丈夫而不干预政事的作风。

皇太极生来面色赤红，眉清目秀，行动稳健，举止端庄，并且聪慧伶俐，耳目所经，过目不忘，一见即识，而且非常喜欢看书学习，在努尔哈赤的众多兵将中，皇太极是唯一一个识字的。

皇太极出生时，努尔哈赤正处于统一女真各部的战争中。当父兄长年在外忙于出征作战时，7岁的皇太极就开始主持家政了，不但把家里的日常事务、钱财收支等管理得井井有条，而且有些事不等努尔哈赤操心指示，皇太极就能干得非常出色，因此努尔哈赤对皇太极是爱如“心肝”。

天命十一年（明天启六年，公元1626年），努尔哈赤因伤死于征战的途中，皇太极在沈阳继承后金汗位，次年改元天聪。他对内大力推行封建化的改革，加强中央集权；对外相继征服了蒙古和朝鲜，并对明朝屡次用兵，步步进逼，将西部边界扩展至锦州、宁远一线。天聪十年四月改元崇德，并改国号为大清，正式称帝，是为清太宗。

皇太极继位之始，实际上是同代善、阿敏、莽古尔泰三大贝勒按月分值政务，权力分散，事事掣肘，徒有虚名。为了加强中央集权，皇太极把阿敏终身幽禁。接着又革去莽古尔泰大贝勒之衔，废除与三大贝勒俱南面坐、共理政务的旧制，从而取

得了一人独尊的地位。同时，皇太极仿照明制，逐步建立和完善国家统治机构，以取代八旗制度所行使的国家权力，例如皇太极建立了由满汉知识分子组成的文馆以利于其推行汉化，并设立六部，分掌国家行政事务；后来，又将文馆扩充为内三院，负责撰拟诏令、编纂史书、颁布制度等；稍后，又建立了都察院；改蒙古衙门为理藩院。皇太极通过这套政权机构，逐渐将权力集中到自己的手中。

在经济上，皇太极让大量汉族奴隶取得了民户地位，成为后金政权下的个体农民。皇太极十分注重体恤民力，凡有妨农务的工程，一律不复兴筑，使百姓能“专勤南亩，以重本务”。经过数年的努力，农业有了较大发展，社会矛盾也得到了很大程度的缓和。

天聪元年一月，皇太极不宣而战，攻入朝鲜，迫使朝鲜签订《江都和约》。崇德元年（公元 1636 年），皇太极又亲率大军入侵朝鲜，迫使朝鲜国王李倧投降，称臣纳贡，为了使朝鲜遵守与明朝断绝往来的承诺，皇太极命人将朝鲜王子押到沈阳为人质。对于蒙古，皇太极首先争取受察哈尔林丹汗欺凌的科尔沁、喀喇沁等部的归附。天聪九年，皇太极命多尔衮率兵渡黄河西进，至托里图，俘虏了林丹汗子额哲及其部众，统一了漠南蒙古。皇太极还利用联姻、赏赐、封王封爵等手段，赢得了蒙古诸部的支持和效忠。

皇太极对汉族地主知识分子和明朝降官、降将采取招降收

买政策，量才录用，并赐予庄田、奴仆、马匹等，而且委以官职。皇太极还逐步建立起蒙古八旗与汉军八旗，从而大大增强了军事力量。天聪十年四月，皇太极在沈阳称帝，并全力以赴对明朝发起进攻，接连发兵入关。自崇德五年三月起，皇太极发动了锦州战役，他亲临前线指挥作战，大败明军。崇德七年二月，松山城被皇太极攻陷，洪承畴被俘，祖大寿在锦州投降。至此，明廷在关外仅剩宁远一孤城由袁崇焕把守。后来，皇太极利用崇祯对袁崇焕的猜忌，巧施了一个反间计，遂除去了心腹大患袁崇焕。从此，明朝“边事益无人，明亡征决矣”。

崇德八年（公元 1643 年）八月九日，南征北战、劳累一生的皇太极终于因病逝世于沈阳清宁宫，享年 52 岁，死后葬于昭陵，即今天的沈阳北陵，庙号太宗。

顺治皇帝为什么没有多大作为？

顺治是清世祖顺治皇帝的年号，即爱新觉罗·福临。顺治是清太宗爱新觉罗·皇太极的第九子，生于崇德三年，其母是永福宫庄妃，博尔济吉特氏，即孝庄文皇后。顺治于公元 1643—1661 年在位，死后葬于孝陵（河北遵化县清东陵），庙号世祖。

崇德八年（公元 1643 年）八月，太宗皇帝因病逝世于清宁宫。经过一番兵戎相持的较量，皇太极第九子福临，在叔父摄政睿亲王多尔衮的辅佐下继承了帝位，改元顺治，并于顺治元

年（公元 1644 年）九月由沈阳迁入北京，在太和门举行了登基大典，成为清入关之后的第一位皇帝。

6 岁登上王位的福临是在智勇双全又独断专行的叔父多尔衮与深明大义的寡母孝庄文皇后教导之下成长起来的。因为顺治皇帝年幼不能主事，多尔衮摄政长达 7 年之久。清廷在以武力统一全国的过程中，发兵追剿李自成、张献忠等领导的农民起义军和南明抗清势力，推行剃发易服、圈地等民族高压政策，激起了汉族人民的强烈不满。

多尔衮病逝后，顺治开始摆脱傀儡地位，对多尔衮实行了削除封号爵位、罢撤庙享谥号、籍没家财等一系列身后惩处。为了加强皇权，顺治帝废除了诸王贝勒管理各部事务的旧制，又采取了停止圈地，放宽逃人法等一系列缓和民族矛盾的措施。虽然顺治帝很想有一番作为，也颇为中原汉文化所吸引，但因为他周围没能形成一支以他为主导的强有力的政治势力，最终导致他在与朝中反对汉化的勋旧大臣的较量中败下阵来。

政治上的失意，使顺治帝终日沉湎于与其弟媳董鄂氏的爱情之中。顺治帝与耶稣会教士汤若望以及佛教高僧木陈忞、玉林琇等人交往甚为密切，受其影响也颇深。随着与佛教中人交往的日益加深，顺治曾产生过遁入空门的想法。当他挚爱的宠妃董鄂氏突然病死之后，他悲痛欲绝，精神支柱完全崩溃，决心出家。但后来经过玉林琇等人坚决劝阻，才重新蓄发留俗。

自董鄂妃死后，顺治帝的健康状况每况愈下，24 岁时又突然染上天花，于顺治十八年（公元 1661 年）正月初七逝世，庙号世祖，死后葬于直隶遵化清东陵“孝陵”。

另有民间传说，顺治因痛失董鄂妃而出家。康熙二年（公元 1663 年）六月，二人合葬于孝陵。

康熙一生有哪些重要功绩？

康熙帝，即清圣祖仁皇帝爱新觉罗·玄烨，满清王朝的第四位皇帝，也是清定都北京后的第二位皇帝。之所以定年号为康熙，是取万民康宁、天下熙盛的意思。康熙帝 8 岁登位，在位 61 年，是中国历史上在位时间最长的皇帝。他奠下了清朝兴盛的根基，是“康乾盛世”的开创者，也是中国历史上英明的君主和伟大的政治家。

康熙六年（公元 1667 年）七月初七，康熙帝在太和殿举行亲政仪式。康熙帝在其祖母太皇太后孝庄文皇后的帮助下，于康熙八年最终赢得了与顾命大臣鳌拜的斗争，开始真正亲政。康熙执政期间，先后平定三藩之乱（三藩是指平西王吴三桂、平南王尚可喜、靖南王耿精忠）并撤除吴三桂等三藩势力，收复台湾，平定准噶尔汗噶尔丹叛乱，并成功击败了沙俄对黑龙江流域的侵略。康熙帝亲政后不久，便宣布停止圈地，放宽垦荒地的免税年限。他还着手整顿吏治，恢复了京察、大计（明代考核外官的制度，清沿其制，规定 3 年举行一次）等考核制度。

为了防止被臣下蒙蔽欺骗，康熙帝还亲自出京巡视，了解民情吏治。其中最著名的是6次南巡，此外还有3次东巡、6次西巡，以及数百次巡查京畿和蒙古。康熙帝还亲自巡视黄河河道，督察河工，并下令整修永定河河道。

康熙一生功绩颇多，对中国历史和世界文明的发展做出了重要贡献。概括说来，可以分为以下几点：

1.平定三藩，巩固统一。

三藩是指3个降清的明将：平西王吴三桂，镇守云南；平南王尚可喜，镇守广东；靖南王耿继茂(父亲耿仲明、儿子耿精忠)，镇守福建。三藩由于占据着重城要地，拥兵自重，成为清初的3个地方割据势力，其中以吴三桂实力最强。康熙帝经过8年的平叛战争，终于取得削平三藩的胜利。随后，他开始着手统一台湾。

2.统一台湾，开府设县。

明天启四年（公元1624年)，荷兰殖民侵略者侵占台湾。顺治十八年(公元1661年)，郑成功成功收复台湾。郑成功死后，其子郑经继续承认南明的正统地位。康熙二十二年(公元1683年)，郑经死后，康熙帝乘其子郑克爽年幼、部属内讧、台湾政局不稳的时机，以施琅为福建水师提督，率军统一了台湾。并设台湾府，隶属于福建，从而加强了中央对台湾的管辖，促进了台湾经济文化的发展。

3.抵御外侵，缔结和约。

黑龙江地域在皇太极时期即已归属清朝。清军入关后，沙俄侵略者东进侵入我国黑龙江流域地区，并且先后占领雅克萨（今阿尔巴津）、尼布楚（今涅尔琴斯克）、呼玛尔（今呼玛）等地。康熙帝统一台湾后，先后进行了两次雅克萨自卫反击战，均获得了胜利。康熙二十八年（公元1689年），清与俄国在尼布楚签订《中俄尼布楚条约》，规定了中俄两国的东段边界，从法律上划定了以额尔古纳河、格尔毕齐河和外兴安岭为界，整个外兴安岭以南、黑龙江和乌苏里江流域（包括库页岛）都是中国的领土，贝加尔湖以东包括尼布楚在内的大片土地则被割让给俄国。这个条约是中国历史上同外国签订的第一个不平等条约，沙俄"不胜而胜"，合法获得了原属我国的大片领土。

4.亲征朔漠，善治蒙古。

努尔哈赤以及皇太极解决了漠南蒙古问题，康熙则进一步解决了漠西蒙古和漠北蒙古的问题。从秦汉匈奴到明朝蒙古的民族难题，到清康熙时才算得以最终解决。康熙说："昔秦兴土石之工，修筑长城。我朝施恩于喀尔喀，使之防备朔方，较长城更为坚固。"遂使蒙古成为清朝北部坚固的长城。

5.重农治河，兴修水利。

清军入关以后，最大的弊政就是圈占土地，跑马占田，任意圈夺。顺治帝曾谕令禁止圈地，但禁而不绝。康熙帝颁令，停止圈地，招徕垦荒，恢复生产。为了大力促进农业生产的发展，

康熙帝先后六次南巡，治理黄河、淮河、运河、永定河，并且大兴水利，取得了很大成绩。

6.移天缩地，兴建园林。

康熙帝先后兴建畅春园、避暑山庄、木兰围场等，后乾隆又大兴“三山五园”，“三山”即香山、玉泉山、万寿山；“五园”即畅春园、圆明园、静明园、静宜园、清漪园（后改名为颐和园），从而将我国的古典园林艺术推向了高峰。清朝园林的兴修是中华民族一份非常珍贵的遗产。

7.兴文重教，编纂典籍。

康熙帝非常重视文化教育，主持纂修了《康熙字典》、《古今图书集成》、《律历渊源》、《全唐诗》、《清文鉴》、《皇舆全览图》等，总计 60 余种，2 万余卷。

8.吸纳西学，学习科技。

康熙帝还十分注重学习借鉴西方的先进科学技术，力图让我国走在世界前列。

康熙帝文武双全，文可以安邦，武可以定国。他不但精通中国传统文化，而且涉猎西方科学。正是因为如此，他才奠定了持续 100 多年的“康乾盛世”的基础。

雍正皇帝有哪些重大作为？

清世宗爱新觉罗·胤禛，清圣祖玄烨的第四子，是清朝入关后的第三位皇帝，于公元 1722—1735 年在位，年号雍正，死后葬于清西陵的泰陵，庙号世宗。

雍正年轻时就跟随顾八代、徐元梦等学习经史，又与禅僧比较接近，略懂佛学。雍正还曾跟随圣祖巡幸江南，朝佛五台山，秋狝（中国清代皇帝秋季围猎）热河（今河北承德）。清圣祖康熙帝亲征噶尔丹时，雍正也随军征战，并掌管正红旗大营。康熙末年，雍正与其他皇子争夺储君之位。圣祖康熙帝驾崩之后，雍正在十三皇子胤祥的帮助下继承皇位。民间另传他在隆科多的帮助下夺了抚远大将军胤禵（tí，康熙第十四子）的帝位。雍正继承皇位究竟是康熙遗诏亲传，还是篡改遗诏篡位，是一个颇有争议的问题。

雍正即位时已经45岁，加上他此前的经历，使他比较了解民情，因而使他非常富有统治经验。即位后，雍正在政治上采取多种措施以巩固自己的皇位。他首先大力消除异己，分化瓦解诸皇子集团：将胤禵从西北军前召回，加以圈禁；晋封胤禩为廉亲王和总理事务大臣；将胤禟发往青海西大通（今青海大通西北）。鉴于清朝没有行之有效的立储制度，经常因为皇位继承问题引发争端，雍正帝创立了秘密立储制度。

雍正元年（公元1723年），雍正帝接受山西巡抚诺岷的建议，施行耗羡归公和养廉银的措施，用以限制、减少官员的贪赃舞弊和横征暴敛。雍正二年，雍正帝针对康熙末年各地亏空钱粮严重的问题，决定严格清查，对贪官污吏即行抄家追赃，对民间拖欠，命在短期内分年带征。雍正三年，雍正帝以作威

作福、结党营私为名，赐抚远大将军年羹尧自尽，同时削去隆科多太保之衔，后将其圈禁致死，并由此株连出汪景祺《西征随笔》案和查嗣庭试题案。雍正七年，发生曾静遣其徒张熙策动川陕总督岳钟琪谋反的投书案，并牵涉到已故理学家吕留良，雍正帝因此大兴文字狱，以控制思想、打击政敌、提高自己权威。同年，为适应西北用兵的需要，雍正帝设立军机房(后改为军机处)，选拔亲重大臣协办军务。军机大臣只能缮述皇帝命令，因此使皇帝更加集权于一身。雍正帝还在题本、奏本之外，命督抚布按等地方大员密折奏事，以此加强皇帝对地方行政的控制。

在经济上，雍正帝采取了一些发展农业生产的措施。雍正二年，开始实行直隶巡抚李维钧提出的"摊丁入亩"(清政府将历代相沿的丁银并入田赋征收的一种赋税制度，其主要内容为废除人头税)的赋役制度，同时宣布取消儒户、宦户，限制绅衿(指地方上有权势的人或在学的生员)特权，使无论贫富力役负担比较合理。同时，为了解决人口日益增长所面临的粮食问题，雍正朝更加严格地执行传统的重农抑末政策，鼓励垦荒，强调粮食生产，反对种植经济作物，反对开矿和发展手工业。雍正帝还注意兴修水利，除了治理黄河、修筑浙江海塘外，还命怡亲王胤祥在直隶开展营田水利，在宁夏修筑和疏浚水渠。与此同时，雍正帝还实行了一系列社会改革。在清代康熙王朝以前统治的民户中，有类别各异的"贱民"，他们从事着为

人所不齿的职业。“贱民”主要分为四类，第一类是奴婢，第二类是佃仆，即地主、富户、官僚等家庭以契约合同雇佣的家庭仆人、仆户等；第三类是社会上未被承认的一般平民，包括乐户、丐户、惰民等；第四类是雇工人。此四类人同属“贱民”等级，没有社会地位，并且人身受到歧视。雍正帝在执政期间，对部分“贱民”开豁其贱籍，变为一般平民，从而打击了残存的蓄奴制度，对社会发展起到了积极作用。

雍正帝在位期间还十分注重改善同少数民族的关系及外交关系。雍正四年，根据云贵总督鄂尔泰的建议，开始大规模推行改土归流（改土归流是指改土司制为流官制）政策，取消云南、贵州、广西、湖南、四川等省的一些土司，从而加强了中央对这些地区的统治。雍正五年，雍正帝同俄国订立了《布连斯奇条约》和《恰克图条约》，在划定中俄边界及处理两国通商问题等方面，维护了我国的国家主权。

在文化方面，雍正帝把他批阅过的奏折选择一部分辑成《朱批谕旨》。他对臣工的谕旨，由张廷玉等人编成《上谕内阁》、《上谕八旗》。雍正帝各种体裁的文章还被后人辑为《御制文集》。

乾隆帝有哪些重大作为？

乾隆帝即清高宗纯皇帝，爱新觉罗氏，名弘历，是雍正帝的第四子，生于康熙五十年八月十三，卒于嘉庆四年正月初

三，终年88岁，死后葬于河北裕陵（今河北省遵化市西北）。乾隆于雍正十三年即位，是清代入关后的第四位皇帝。

乾隆帝即位前为宝亲王。雍正帝登基后就将其秘密立为皇太子，立储诏书存放于乾清宫正大光明匾额的后面，这也成为以后清朝的定制。雍正帝驾崩后，弘历即位，是为乾隆帝。乾隆天生聪颖，文治武功皆有很大成就，这也使得他极为自负，他晚年自称为“十全老人”。但实际上当时的清王朝已经在走下坡路，国内潜伏着的各种危机，随时可能爆发；而国际上，中国与西方的差距日益拉大，中国早已不再是什么“天朝大国”，而只是一只盲目自大的井底之蛙。清朝实行的闭关锁国政策，最终使中国陷入了半殖民地半封建的深渊，对此，乾隆皇帝有着不可推卸的责任。

乾隆六十年，乾隆帝禅位于十五子颙琰，自己成为太上皇。乾隆帝在位六十年，作为太上皇又训政三年，因此他是中国历史上在位时间第二长的皇帝，仅次于其祖父康熙，加上他训政的时间，他是实际执政时间最长的皇帝，长达六十三年，他也是中国历史上最长寿的皇帝，驾崩时已是八十八周岁（对于中国古代皇帝而言，这已算相当高龄）。

乾隆皇帝一生的功绩，概括起来可以归纳为以下八件大事：

第一件事：编修文化典籍。

（1）主持纂修《四库全书》。《四库全书》是中国历史上规模

最大的一套丛书，于清乾隆三十八年（公元 1773 年）开始编纂，历时 9 年完成。《四库全书》共收书 3503 种，79337 卷，36304 册，近 230 万页，约 8 亿字，为后代学者研究中国古代文化提供了较为完善的文献资料。

不过编纂《四库全书》时，清朝为了维护统治，曾大量查禁明清两朝有违碍字句的古籍。据统计，在长达 10 余年的修书过程中，清政府禁毁图书 3100 多种、15 万部以上，而且大量篡改古籍，如岳飞的《满江红》名句“壮志饥餐胡虏肉，笑谈渴饮匈奴血”，因“胡虏”和“匈奴”是满清的忌讳，于是《四库》馆臣将其改为“壮志饥餐飞食肉，笑谈欲洒盈腔血”。这不能不说是对中国文化的一种摧残。

(2)整理《无圈点老档》。《无圈点老档》又称《满文老档》、《老满文原档》、《旧满洲档》，是以无圈点老满文为主书写成的。该档形成于清入关之前，到乾隆中期已历经百余年，以老满文书写，文字难以辨识，而且字迹早已模糊不清。乾隆命人对《无圈点老档》进行整理，用无圈点老满文和加圈点新满文分别重抄：先抄出草本各一部，再抄出正本存内阁各一部，另抄出副本存沈阳崇谟阁各一部，并抄出存上书房一部。这对保护满洲文字起了重大作用。《无圈点老档》原本 40 册，现珍藏于台北故宫博物院。

(3)敕令编写《八旗通志》、《满洲源流考》、《钦定满洲祭神祭天典礼》(满文本、汉文本)等。

(4)乾隆非常重视京师文化：编绘《京城全图》；命于敏中等人撰《日下旧闻考》，共160卷，是北京历史文献集大成之作；编修《国朝宫史》，对宫廷的历史、建筑、文化、典制等做了记载。

第二件事：兴建、维护皇家园林。

乾隆在北京及京畿保护、维修、兴建了大量皇家宫殿园林，如皇宫的宁寿宫及其花园、天坛祈年殿、清漪园（颐和园）、圆明园三园、静宜园（香山）、静明园（玉泉山）、避暑山庄暨外八庙以及木兰围场等。这些皇家园林体现了清代园林文化的辉煌，是园林艺术史上的一粒粒璀璨的明珠。其中除了圆明园被英法联军焚毁之外，其余均已成为世界文化遗产。

第三件事：诗文书画方面的贡献。

乾隆皇帝颇具艺术才华，热衷书画诗文。他不仅对汉语汉文非常精通，而且还懂蒙、藏、维等多种语言文字。乾隆喜好书法，自内廷到御苑，从塞北到江南，名山古迹，挥毫题字，墨迹遍及所到之处。乾隆还撰写了大量文章，仅编成文集的就有《御制文初集》、《御制文二集》、《御制文三集》、《御制文余集》，共1350余篇，另有《清高宗圣训》300卷。乾隆喜好作诗。他的御制诗集，登基前有《乐善堂全集》，禅位后有《御制诗余集》。在位期间的《御制诗集》共有5集，434卷，据统计，其初集4166首，二集8484首，三集11519首，四集9902首，五集7792首，共计41863首。乾隆的诗总计42613首，而《全唐诗》

收录唐代 2200 多位诗人的作品，才 48000 多首，因此乾隆称得上一位高产诗人。

第四件事：蠲（juān，通“捐”，除去，免除）免天下钱粮。

御史赫泰曾上疏：“国家经费，有备无患，今当无事之时，不应蠲免一年钱粮。”乾隆则认为：“百姓富足，君孰与不足？朝廷恩泽，不施及于百姓，那将施于何处？”因此，乾隆断然下令蠲免全国钱粮。据统计，乾隆十年、三十五年、四十三年、五十五年和嘉庆元年，先后五次普免全国一年的钱粮，三次免除江南漕粮，累计蠲免赋银 2 亿两白银，大约相当于全国 5 年的财赋总收入。乾隆此举颇受百姓欢迎，因而赢得了百姓拥护。乾隆蠲免全国钱粮，其次数之多，范围之广，数量之大，效果之好，在封建历朝历代中，可以说前无古人，后无来者。

第五件事：重新统一新疆。

北京内城南面西为宣武门，标榜皇帝“宣武”。明清两朝入主北京的皇帝，真正配得上“宣武”之称的，恐怕只有明成祖、康熙、乾隆三位皇帝。乾隆皇帝不仅“崇文”，而且“宣武”。他的武功之一便是用兵西陲，开辟并进一步巩固新疆。在北疆，乾隆两次平准噶尔，基本上解决了北疆的问题。南疆主要是指天山以南的维吾尔族地域，清代称其为“回部”。准噶尔部强大时，回部曾屡屡受到准噶尔贵族的欺凌和压迫。清军平定北疆之后，解除了准噶尔部对回部的威胁。但是不久之后，回部贵族试图摆脱清朝统治，自霸一方。为此，清军同回部大小和卓

在库车、叶尔羌等几座南疆重镇进行了激战，最终平定了大小和卓叛乱，重新统一了南疆。自此西域与中原再度连成一体，定名为“新疆”，意为“故土新归”。

统一之后，乾隆在新疆设立伊犁将军，实行军府制，修筑城堡，驻扎军队，并大量移民于此，进行屯垦，从而加强了对新疆地区的管辖。

第六件事：成功治理西藏。

乾隆帝曾先后两次派兵击败廓尔喀（今尼泊尔）的侵犯，并制定《钦定西藏章程》，章程规定：设驻藏大臣督办藏内事务；在西藏驻军，分驻前藏、后藏；达赖喇嘛、班禅额尔德尼等圆寂后，在驻藏大臣亲监下，灵童转世设立金奔巴瓶制，用金奔巴瓶掣签决定继承人，即著名的金瓶掣签制度；西藏与邻国贸易必须进行登记；西藏货币一律用白银铸造，正面铸“乾隆宝藏”四字等等。《钦定西藏章程》是西藏历史上重要的文献，标志着清朝对西藏进行全面而有效的管理。

第七件事：修砌浙江海塘。

浙江原有的柴塘、土塘，但经不住海潮的冲击。乾隆拨银将柴塘改为石塘，共修建石砌海塘4000余丈，加强了这一地区抗御海潮侵袭的能力，为安定当地人民生活作出了重大贡献。

第八件事：中华各族一统。

清朝历经“三祖三宗”——太祖努尔哈赤、世祖顺治、圣祖

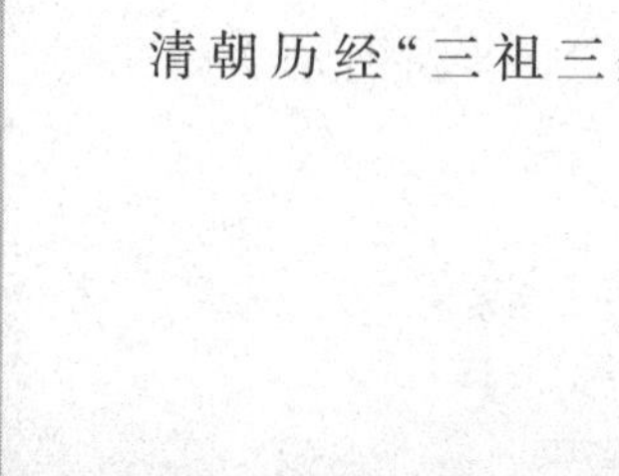

康熙和太宗皇太极、世宗雍正、高宗乾隆六代，到乾隆时期达到鼎盛时期。清朝到乾隆朝才真正实现大一统，乾隆以其祖宗的既有成就为基础，进一步巩固和扩展了我国的疆域版图，维护和加强了我国的多民族统一。乾隆时期的中国领土，东起大海，西达葱岭，南达曾母暗沙，北跨外兴安岭，西北到巴尔喀什湖，东北到库页岛，总面积达到 1310 万平方公里，实际控制面积成为历代之首。清乾隆时期的人口突破 3 亿大关。乾隆帝继续推行改土归流政策，从而增强了少数民族地区和中原之间的联系，这对促进少数民族地区发展，增进民族交往和民族融合，起到了巨大的推动作用。总而言之，我国现在的领土雏形在乾隆时期已经基本确定，彻底形成了一个疆域辽阔的多民族国家。

嘉庆帝为挽救满清统治危机做了哪些努力？

嘉庆，大清王朝第五位皇帝，爱新觉罗氏，原名永琰，后改称颙琰，年号嘉庆，世称嘉庆皇帝。

嘉庆帝颙琰是清高宗乾隆帝的第十五子，生于乾隆二十五年（公元 1760 年）。乾隆五十四年（公元 1789 年），颙琰被封为嘉亲王。乾隆六十一年正月初一，颙琰正式登基称帝，改元为嘉庆，在位 25 年，卒于嘉庆二十五年（公元 1820 年），终年 61 岁，庙号仁宗，葬于河北易县清西陵之昌陵。

颙琰于乾隆三十八年（公元 1773 年）被秘密立为储君，乾

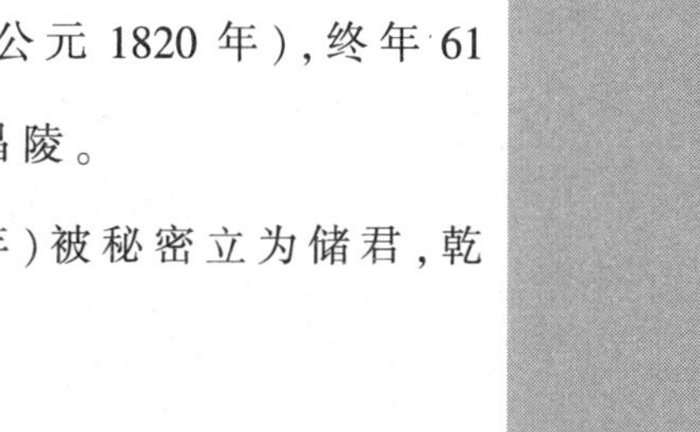

隆五十四年(公元 1789 年)被封为嘉亲王,乾隆六十年(公元 1795 年)九月被正式宣布立为皇太子。第二年正月初一日,颙琰受乾隆帝禅位即皇帝位。其后,朝政仍由太上皇乾隆帝一手把控,颙琰暂时居住在毓庆宫。嘉庆四年(公元 1799 年)正月,乾隆帝病逝,颙琰才开始亲政。

面临乾隆末年危机四伏的政治局面,嘉庆帝打出"咸与维新"的旗号,整饬内务,整肃纲纪,诛杀权臣和珅,并罢黜和囚禁和珅的亲信党羽;广开言路,重新起用乾隆朝因言获罪的官员;要求地方官员对民隐民情据实陈报,不得欺隐、粉饰等等。然而,嘉庆帝对内政的整顿依然是保守和有限的,不可能从根本上扭转清朝政局的颓势。

嘉庆帝即位时,国内阶级矛盾尖锐,农民起义此起彼伏、如火如荼。嘉庆帝倾尽全力,大举围剿镇压川、楚、陕农民大起义。嘉庆帝严密军事部署,采取剿抚兼施的两手政策,分化瓦解起义军,并实行寨堡团练的坚壁清野政策,即加固防御工事,把四野的居民和物资全部转移,叫起义军既打不进来,又抢不到任何东西,因而割断了起义军与人民的联系。嘉庆十年(公元 1805 年),川、楚、陕的农民起义先后被镇压,但清统治力量也因此受到严重削弱。后来,嘉庆帝又先后大肆围剿了东南海疆的蔡牵起义军、北方的天理教起义。在镇压起义的过程中,起义军大部分被血腥屠杀。

在对外关系上,嘉庆帝力主严禁鸦片,对英国侵略者在沿

海地区的骚扰活动保持了高度的警惕性，英国曾先后向清政府提出帮助镇压起义军，帮助澳门葡人抵御法国等要求，嘉庆帝知道这些"外国佬"是醉翁之意不在酒，因此严辞拒绝了这些要求。嘉庆二十一年（公元1816年），嘉庆帝还拒绝了英国提出的建立外交关系、开辟通商口岸、割让浙江沿海岛屿的无理要求。虽然嘉庆帝的这些举措在一定程度上维护了我国的主权独立，然而这种闭关锁国的错误理念，也使得清政府对外来事物采取盲目排斥态度，使中国一度陷于夜郎自大的绳索束缚中，从而在世界舞台上远远落伍了。嘉庆帝在内忧外患的危机中，倾尽全力企图维护清王朝的统治，然而历史的发展并非人力所能改变，满清王朝的败落于嘉庆末年已完全表面化，并从此一步步走向衰亡。

道光帝为什么被称为历史上最"抠"的皇帝？

道光是清宣宗道光皇帝的年号。道光皇帝名爱新觉罗·绵宁，后改为爱新觉罗·旻宁，是清入关后的第六位皇帝，在位30年，死后葬于慕陵（今河北省易县西），终年69岁。

道光是历史上著名的"抠"皇帝，他不仅在生活细节上吝啬、抠门，而且在为政治国方面也是如此。

道光初年，新疆发生张格尔叛乱。数万清军万里远征新疆，经过数年征战，终于平定了叛乱。道光八年（公元1828年）夏，清政府在午门举行献俘礼，现场山呼海啸一样的"万岁"声

让道光帝心潮澎湃、陶醉不已，他立即做出一个“壮举”——宣布宴请平叛有功的将士。

数日之后，宴会在清漪园（光绪年间改名为颐和园）万寿山下的玉澜堂举行。将士们筷子一挥，几碟小菜立即一扫而空，这些小菜连塞牙缝都不够分量，更甭提吃饱喝足了。吃又没得吃了，退席又不敢，将士们只好一个个面面相觑，呆若木鸡。

后来，在商讨新疆设防方案时，一些将军考虑到道光帝的吝啬，准备上奏仅要一万八千名士兵镇守新疆，但道光帝还是嫌多，一下子就给砍去了三分之二，只批准清军留守六千人。

将军们实在忍无可忍，于是提出只守新疆东部，西部自治，不予设防的方案。道光帝闻言大骂他们放弃新疆防守，指责其居心叵测。

经过很长时间的争执，根据《清史稿》记载，最后决定于“各省绿营兵额内裁百分之二，岁省三十余万，以为回疆（本名西域，又名新疆）兵饷”，方案才得以最终通过。

此后，在鸦片战争中，道光帝急于向英军妥协，这不能不说与其吝啬的个性有关。总之，在讨论诸如海防、边务、黄河治理等问题时，大臣们只要一提到拨款，道光皇帝立即面露不悦之色。

道光皇帝之所以崇尚节俭，一是因为他生性吝啬，视节俭为理想、乐趣；二是以此作为拯救财政危机的一种对策。那么，

道光帝的“节俭”真的能解决国家的经济危机吗？尽管道光皇帝为国家节省了不少经费开支，然而却无助于经济危机的解决，对财政状况的好转也没起到什么作用，反而每况愈下。以至于有的大臣发出了这样的质疑：为什么乾隆朝挥金如土却国库充盈，如今日日节俭却民生罕裕，“岂愈奢则愈丰，愈俭则愈吝耶”？因此，作为一国之君，不去大刀阔斧地开源兴利，反而在一饭一衣上锱铢必较，这根本不是节俭，而是舍本逐末的抠门儿和吝啬。道光皇帝的这种“抠门”作风自然无益于挽救大清危亡。

咸丰帝为什么被称为“四无”皇帝？

咸丰，名爱新觉罗·奕詝(zhǔ)，20岁登基，在位11年，31岁病死，咸丰是清朝秘密立储继承皇位的最后一位皇帝，被后人称为无远见、无胆识、无才能、无作为的“四无”皇帝。他登基不久就发生了太平天国农民起义，之后就是英法联军进攻北京火烧圆明园，他在重大事件面前优柔寡断、毫无主见、无所决策，并且沉迷于酒色，荒废朝政，宠爱叶赫那拉(即日后的慈禧)，误国殃民，留下了千古遗恨。

咸丰即位时，满清王朝面临内忧外患的统治危机。咸丰帝即位之始，也颇有一番抱负。咸丰即位之初求贤若渴，林则徐、江忠源、李棠阶等相继被保举，穆彰阿、琦善等人相继被罢免。这个时期，咸丰的生活也比较勤谨。

道光死前一个月就爆发了大规模的太平天国农民起义，咸丰帝即位后发展更为迅速。咸丰三年(公元1853年)三月，太平天国起义军攻克南京，并以此为都定国建号，与清政府分庭抗礼。咸丰帝对起义的态度非常明朗，就是坚决镇压。但是有两个问题令他非常头疼：一是太平天国攻城略地，八旗、绿营一败涂地。当太平军从广西向湖南、湖北、江西和南京迅猛进军时，清朝的经制兵，无论是八旗还是绿营，在太平军面前都不堪一击，节节败退。

二是财政困难。打仗需要大笔财政开销。咸丰朝财政早已出现很大危机，入不敷出，道光三十年国库只有187万两，由于镇压起义及赈灾等原因，到咸丰三年六月，户部存银只有22.7万两，连两个月的兵饷都发不出来，因此财政问题成为困扰咸丰帝的一大心病。

为了解决第一个问题，咸丰帝听取了肃顺和湖广总督吴文熔的建议，依靠曾国藩、左宗棠、胡林翼等汉人组织勇营来对付起义军。咸丰二年十一月，咸丰帝降旨曾国藩在湖南以在籍侍郎办团练，后来扩充为湘军。咸丰四年四月，湘军大举进攻太平军。胡林翼远在贵州，咸丰看了吴文熔的奏疏后，得知他吃苦耐劳，通晓兵事，于是命他到湖北与太平军作战。至于左宗棠，咸丰帝则命他自募一军，协助曾国藩办理军务。这样，咸丰帝终于依靠曾国藩等人以及湘军的力量改变了形势，抑制并最终打败了太平天国的起义军。

为了解决第二个问题，咸丰帝采取了一切可以采取的措施：熔化内务府金钟，开捐例，卖官鬻爵，铸大钱，发行官票和钱票，推行厘金制度等等，最后终于筹措到1亿7千万两军费，用以镇压农民起义。

为挽救统治危机，咸丰帝还力图革除弊政，他于咸丰六年启用敢于任事的肃顺，并支持肃顺等人革除弊政。

第一次鸦片战争以后，以英国为首的西方列强并不满足于既得利益。咸丰年间，西方列强又提出了开放通商口岸，鸦片走私合法化，外国公使进驻北京等更加不合理的要求。遭到拒绝后，英法联军遂于咸丰六年（公元1856年）攻占广州，从而挑起了第二次鸦片战争。

咸丰八年（公元1858年），英法舰队攻陷大沽炮台，进而逼近天津。咸丰急忙派桂良、花沙纳等人前往天津议和，与英、美、法、俄分别签订了《中英天津条约》、《中美天津条约》、《中法天津条约》和《中俄天津条约》等一系列丧权辱国的不平等条约。列强对《天津条约》规定的权利仍不满足，蓄意重新挑起战争，于是咸丰帝命令清军加强大沽口的防务。

咸丰九年（公元1859年），在英国蓄意挑起的大沽口冲突中，英法侵略军被清军击败。

咸丰十年（公元1860年），英法联军再次大举入侵。当时清军的防御重点在大沽口，英法联军在北塘登陆，进而攻占大沽口。随后英法联军攻占天津，并进一步逼近北京。咸丰帝慌

忙派遣怡亲王载垣、兵部尚书穆荫为钦差大臣，前往通州与英法联军议和。英法联军以和谈为幌子，继续组织军队进攻北京，英法联军在通州八里桥击败清军后，开始大举进攻北京城，圆明园、清漪园等处均被英法侵略者焚掠。咸丰帝为了保命，仓皇逃往热河（今承德市圆明园遗址），命令恭亲王奕䜣留守北京负责议和事宜。公元 1860 年 10 月，圆明园遭到英法联军的洗劫和焚毁。奕䜣代表清政府与英、法、俄分别签订了《中英北京条约》、《中法北京条约 》和《中俄北京条约》，并批准了中英、中法《天津条约》。在《中俄北京条约》中，清政府承认了咸丰八年（公元 1858 年）沙俄迫使清黑龙江将军奕山签订的《瑷珲条约》。

逃往热河的咸丰帝此刻陷于极度的痛苦之中，意志消沉，整日沉溺于酒色之中。咸丰十一年（公元 1861 年）七月，咸丰帝病死于热河，庙号文宗，死后葬于直隶遵化清东陵的定陵。

同治皇帝有哪些重要作为？

同治是清穆宗爱新觉罗·载淳的年号。同治在咸丰死后继位，是清朝入关之后的第八位皇帝。在位时间为 1861 年至 1875 年，因病去世，终年 19 岁，庙号穆宗，死后葬于惠陵（今河北省遵化市西北），其母为叶赫那拉氏（即慈禧）。

同治帝爱新觉罗·载淳是咸丰帝的长子，为人执拗任性，刚愎自用，但因为受制于慈禧太后，所以没有什么大的作为，

属于一个傀儡皇帝。

咸丰十一年(公元1861年)八月二十一日,咸丰帝病危,他命御前大臣怡亲王载垣、郑亲王端华、协办大学士户部尚书肃顺及军机大臣穆荫、匡源、杜翰、焦祐瀛等人代写遗诏,立载淳为皇太子,并命上述诸臣辅助政务。载淳生母那拉氏和钮祜禄氏被尊为皇太后。第二天,咸丰帝去世,6岁的载淳即位,年号祺祥。

咸丰帝死后，慈禧太后勾结奕䜣发动北京政变，捕杀肃顺、端华和载垣等人,两宫太后垂帘听政,改年号为同治。同治皇帝在位13年，前12年都是在两太后垂帘的情况下虚坐龙椅,最后只亲政了一年。

同治帝即位之初,清政府正在利用湘军并借列强的力量镇压太平天国起义。同治三年(公元1864年),太平天国运动被镇压下去,接着李鸿章率领淮军也将捻军镇压了下去。

从19世纪60年代开始,曾国藩、李鸿章、左宗棠等人办起了洋务运动。洋务运动以建立新式军备为中心,并创办了一些为它服务的民用工业、交通运输业。洋务运动和镇压太平天国运动为面临危亡的大清王朝赢来了“中兴”。虽然这些事都发生在同治朝,然而这一切都与同治帝自己毫无关系。同治幼年时,政事由两宫太后全权管理,同治帝只是读书学习。

由于慈禧太后贪恋权力,她以同治帝“典学未成”为借口,一再拖延同治帝的亲政时间。一直到同治十一年九月十五日

(公元 1872 年 10 月 16 日),慈禧才为 17 岁的儿子载淳举行了大婚典礼。同治帝的婚姻是个大问题。关于谁做皇后,两宫皇太后意见不一:慈安太后提议以侍讲崇绮之女阿鲁特氏为皇后,慈禧太后则主张以侍郎凤秀之女富蔡氏为皇后。同治帝本人比较喜欢前者,遂以阿鲁特氏为皇后,富蔡氏为慧妃。同治十二年,同治帝开始亲政。

那么,在这短短一年的亲政时间里,同治皇帝都做了什么事呢?

1.同治帝处理了一些外交事务。六月十三日,同治帝在紫光阁接见日本特派大使。在此之后,俄国、美国、英国、荷兰等国公使均向他递交了国书。

2.当年十二月,应越南国王请求,同治帝派遣两广总督瑞麟援越抗法。

3.由于台湾高山族人误杀漂流到台湾的琉球人,日本以此为借口挑起了侵略台湾的战争。第二年三月二十九日,同治帝派福建船政大臣沈葆桢赴台湾部署防务,抵御日本侵略。后来通过谈判,与日本订立了《北京专款》,规定:日本撤出台湾,清政府赔偿白银 50 万两。因此可以说,同治帝在外交方面还算有一些不错的成绩。至于内政方面,可以说同治帝没有什么成绩。

同治十三年(公元 1875 年)一月十二日,同治帝病逝,终年仅有 19 岁,是清朝十二帝中寿命最短的。关于同治帝的死因,有多种不同的说法：

1.梅毒说。此为民间说法。同治帝喜欢皇后阿鲁特氏，而慈禧太后则要求同治帝多接近慧妃。同治帝为此很不高兴，因此经常独处乾清宫。同治帝由于终日苦闷，加上王庆祺的等人的引诱，开始到宫外寻花问柳，从而患上了性病。慈禧太后误作天花来治疗，最后导致同治病死。关于这种说法，史书并没有确切的记载，因此不足为信。

2.天花说。此为官方说法。根据有关史料记载，大多数史学家认同同治帝死于天花的说法。

光绪帝为什么对挽救大清王朝有心无力？

光绪帝，名为爱新觉罗·载湉，同治十年（公元 1871 年）八月十四日出生于北京宣武门太平湖畔的醇王府。光绪的父亲奕譞是道光帝的第七子，母亲是慈禧的同胞妹妹。由于这种特殊的家庭环境，使得他在同治病逝之后被指定为皇帝。光绪帝在位 34 年，病逝于光绪十三年，终年 38 岁，庙号德宗，死后葬于河北易县崇陵。

光绪帝是慈禧太后的外甥。年轻的同治帝病死后，慈禧太后为了继续把持政权，于是就让当时仅有 4 岁的光绪继承皇位，由她再度“垂帘听政”。一直到光绪 19 岁时，慈禧太后才不得不宣称“撤帘归政”，但实际上她仍操纵实权不放，光绪帝只是个傀儡皇帝。

后来,慈禧太后和光绪在政治上发生了非常严重的冲突。慈禧太后是保守派的代表。光绪帝在维新派康有为、梁启超、谭嗣同的推动下,一则希望通过维新派来抓到军政实权;二则希望通过维新变法来改革吏治,挽救满清王朝的腐败统治。因此光绪帝于公元1898年(光绪二十四年)推行了维新变法,史称"戊戌变法",因为戊戌变法只维持了103天,故又称为"百日维新"。

在"百日维新"中,光绪帝颁布的改革诏令引起了保守派的不满。慈禧与荣禄密谋,企图在光绪帝在天津阅兵时发动政变,废黜光绪。光绪帝获悉后,急忙通知维新派的康有为、梁启超及谭嗣同等人。维新派经过商议,决定由谭嗣同求见统辖新军的袁世凯,打算借他检阅新军之际,当场杀死荣禄、软禁慈禧。袁世凯表面上表示效忠于光绪,拥护维新变法,不料谭嗣同刚一离去,他便立即向荣禄告了密。荣禄火速赶往颐和园,把事情密奏了慈禧。慈禧获悉密谋后,便立刻回宫,逼迫光绪帝交回政权,并将光绪帝严密囚禁起来。光绪帝被囚禁的地方主要有两处:一个是玉澜堂(夏季),另一个是中南海的瀛台(冬季)。随后,慈禧又命人捕杀了谭嗣同、刘光第、杨深秀、杨锐、林旭、康广仁六人,史称"戊戌六君子",康有为、梁启超被迫逃亡海外。除了京师学堂外,新政全被废除。

光绪帝被整整关了10年。公元1908年10月,光绪帝在日记中写道:"我身患重病,但心中总觉得老佛爷(慈禧)定会比

我早死。若是如此，我要下令斩杀袁世凯和李莲英。”没想到的是，这篇日记的内容被李莲英获知，于是李莲英添油加醋地向慈禧报告说：“皇上想死在老佛爷后面呢！”慈禧听后大怒，狠狠地说：“我决不能死在他前面！”于是她随即下令改由李莲英来侍候光绪的饮食、医疗等事务。这天下午，光绪帝便因病情恶化而去世。对于光绪的死因，历来有很多不同说法，有说是慈禧太后命太监投毒；有说是袁世凯勾结庆亲王奕劻对光绪下了毒手；而近代的史学家则一般认为光绪是死于肺功能衰竭。心狠手辣的慈禧太后只比光绪多活了两天，于10月23日病逝。光绪在位34年，在慈禧“魔爪”的紧紧钳制下，空有一腔抱负，终日郁郁寡欢，最后忧郁而终，终年38岁，死后葬于清西陵的崇陵，庙号德宗。

中国历史上的末代皇帝溥仪有哪些作为？

溥仪，即大清王朝末代皇帝宣统，也是中国历史上最后一位皇帝。光绪三十四年十月(公元1908年11月)，光绪和慈禧先后去世，年仅3岁的爱新觉罗·溥仪继位，改元宣统，是为清逊帝，也称宣统皇帝。其父载沣以摄政王监国，光绪皇后隆裕垂帘听政。

公元1911年，辛亥革命爆发，溥仪在袁世凯的逼迫下于公元1912年2月12日宣布退位。之后，溥仪按清皇室与袁世凯定下的优待条件在皇宫里生活了十几年。公元1925年，冯玉

祥攻占北京，命部下将溥仪赶出皇宫，溥仪不得不迁往天津静园。不久，日本攻占东北，秘密派人把溥仪等人接到长春，并建立伪满洲国。公元 1945 年，苏联军队出击日本，在机场将溥仪俘虏。不久，溥仪被苏军遣送交回新中国。溥仪以战犯之名被判入狱。后来毛泽东亲笔大赦溥仪。之后，溥仪负责管理故宫的档案工作。20 世纪六十年代，溥仪因患肾癌病逝于北京，终年 62 岁，死后骨灰安放于北京八宝山革命公墓，当时周恩来总理曾指示将其移放于正室，所以后来溥仪的骨灰被移葬于华龙皇家陵园（华龙皇家陵园位于河北省易县清西陵崇陵旁边）。

著名皇后篇

叶赫那拉·孟古是如何成为清朝第一位皇后的？

孝慈高皇后，叶赫那拉氏，名孟古，号孟古姐姐，也作孟古哲哲或格格（格格满语原意为姐姐），生于明万历三年，卒于万历三十一年九月二十七日，享年29岁。孟古是叶赫部首领杨吉砮之女，清太宗皇太极的生母，被封为孝慈高皇后。

杨吉砮第一次见到努尔哈赤，就觉得他胆略过人，相貌非凡，于是便把自己心爱的女儿许配给他。努尔哈赤非常高兴，便说："不用等到小女儿长大，如有心联姻，可将大女儿嫁过来。"杨吉砮笑着回答："不是我护长女不嫁，而是我小女孟古品貌出众，才德娴淑，才能配得上你。"非常巧合的是，孟古姐姐的名字，在满语中是"银子"的意思，而努尔哈赤则刚好是"黄金"之意。其实，孟古姐姐与努尔哈赤的联姻，在一定程度上是属于政治联姻。据清史稿后妃传和杨吉砮传记载，公元1582年，海西女真的另一部扈伦与建州相互征战，杨吉砮看中了崛起的建州和风度翩翩的努尔哈赤，于是决定把自己的小女儿孟古姐姐许配给他，从而达到政治联姻的目的。而努尔哈赤此时正在实行远交近攻的战略，因此双方一拍即合。

当时孟古姐姐只有8岁，而努尔哈赤已经是24岁的成年人。对努尔哈赤来说，叶赫部的主动联姻是求之不得的事，可以使他摆脱四面受敌的境遇，从而一心一意进行统一建州的

战争。

六年以后，孟古长成“面如满月，丰姿妍丽”的绝色佳人。她的父亲杨吉砮前几年在与明朝辽东总兵李成梁的战斗中被杀。孟古的哥哥纳林布禄遵照协约亲自把妹妹送到努尔哈赤处成婚。在建州费阿拉城，努尔哈赤用最隆重的仪式迎娶了这位美丽的妻子。

婚后的孟古“器量宽宏，端重恭俭，聪颖柔顺，见逢迎而心不喜，闻恶言而色不变，口无恶言，耳无妄听，不悦委曲谗佞辈”，因此深得努尔哈赤的宠爱。公元1592年10月，孟古生下了皇八子，取名为“皇太极”，即后来改“女真”为“满族”，定国号为“大清”的清太宗。

然而孟古的寿命很短。明万历三十一年秋天，不到30岁的她便一病不起，不久病故。

孟古死后，努尔哈赤极度悲痛，“不饮酒茹荤者逾月”，为她举行了盛大的祭礼，而且命令4个贴身奴婢为她殉葬。蒙古死后的最初3年，努尔哈赤把她葬在自家的院子里，第4年才迁到尼亚满山岗建陵。后金天命六年（公元1621）八月，努尔哈赤修筑辽阳新城并迁都于此，因为他不愿让孟古离自己太远，于是他又在辽阳的杨鲁山上为孟古修建了新的陵园。天聪三年（公元1629年，明崇祯二年），继承父位的皇太极为努尔哈赤修建了福陵，并将生母孟古的灵柩合葬于陵中。

孝烈武皇后乌拉那拉·阿巴亥为什么是一位命运悲惨的皇后？

孝烈武皇后乌拉那拉氏，名阿巴亥，清太祖爱新觉罗·努尔哈赤的大妃。阿巴亥嫁给努尔哈赤时年仅12岁。在清太祖孝慈高皇后去世后，阿巴亥被立为大妃。她一共为努尔哈赤生了三个儿子：阿济格、多尔衮和多铎。

由于阿巴亥年轻貌美，努尔哈赤十分宠爱她。在一次晚宴时，努尔哈赤看着年轻美丽的阿巴亥，想着自己一天天老去，不得不考虑起自己百年之后将阿巴亥托付给何人的问题。后金有儿子在父亲死后娶继母、父妾的习俗，因此努尔哈赤有让二子代善继娶阿巴亥的打算。代善也知道父亲的这一想法，而阿巴亥也希望在努尔哈赤死后在后金政权中寻找靠山。此后，由于努尔哈赤小福晋德因泽的告发，在天命五年引发了大妃事件。德因泽首先告发说阿巴亥送食物给代善和四贝勒皇太极吃，皇太极接受但没吃，而代善接受之后却吃了；又告发说阿巴亥经常深夜出宫到代善家去；还告发说举行聚会时，阿巴亥精心打扮并与代善眉来眼去。努尔哈赤经过一番调查之后，认为情况属实，但由于家丑不可外扬，于是以私藏金银的罪名将阿巴亥“离弃”。有很多人认为，德因泽之所以告发阿巴亥，是受到皇太极的指使，皇太极的目的是排挤代善，而德因泽的目的无非是打击阿巴亥。

天命十一年，努尔哈赤在外身染重病，命阿巴亥前往。然而，还没等阿巴亥赶到，努尔哈赤就病故了。皇太极以努尔哈赤之命为由，逼迫阿巴亥殉葬。同时殉葬的还有两位庶妃，其一便是德因泽。阿巴亥当时只有37岁，谥号孝烈武皇后。

阿巴亥之子多尔衮，后来成为顺治皇帝的摄政王，由于顺治皇帝非常讨厌多尔衮，因此将多尔衮之母阿巴亥逐出父亲皇太极的太庙，并追夺一切尊号。

孝庄文皇后为什么被称为最有才能的皇后？

皇太极的皇后孝庄文皇后，博尔济吉特氏，原是蒙古科尔沁贝勒寨桑之女，生于明万历四十一年(公元1613年)。清太祖努尔哈赤天命十年二月，博尔济吉特氏孝庄文皇后只有12岁，由兄长专程护送，嫁给了比她大20岁的亲姑夫皇太极为侧室福晋。崇德元年七月初十，博尔济吉特氏被册封为永福宫庄妃。

孝庄文皇后身历四朝，辅佐两代幼主，在纷繁复杂的清初政治格局下，为爱新觉罗世族统治的稳定做出了巨大的贡献。

在民间传说里，庄妃是皇太极身边的一位女诸葛。据说，在明崇祯十五年，蓟辽总督洪承畴在解锦州之围时被清军俘虏，皇太极因为看重他的才干，打算收降他。无奈群臣费尽心机，洪承畴非但不降，而且采取了绝食抗争，以示忠臣不事二主的决心。正当群臣无计可施之际，庄妃自告奋勇，打算以女

性的独特优势去劝降洪承畴。这位30岁的少妇,妆扮成汉族侍女,格外俊美。她手捧人参汤进入囚所,极尽温柔,动之以情,晓之以理。洪承畴在她的婉言相劝下,最终降清,后为清朝平定中原立下了汗马功劳。

皇太极死后,庄妃为了帮助自己的儿子福临坐上皇帝之位,极力拉拢皇太极之弟、摄政王多尔衮,所以民间一直有"太后下嫁"的传说,并将其与"世祖出家"、"世宗夺嫡"合称为清初三大疑案。尽管历史上对这件事没有确切的记载,但民间对这对年轻的叔嫂之间的关系颇有些议论。

顺治帝在位十八年,因患天花,24岁就英年早逝了。年幼的康熙皇帝在孝庄文皇后的扶持下,8岁登基,14岁亲政。在这期间辅政大臣鳌拜伺机篡权,康熙皇帝智擒鳌拜,夺回大权,也是得益于孝庄文皇后的大力协助。这些都显示出孝庄文皇后过人的才干。

孝庄文皇后从不直接干预朝政,然而却对朝政非常关心。她经常告诫康熙帝说:"祖宗骑射开基,武备不可弛。用人行政,务敬以承天,虚公裁决。"还说:"古称为君难,苍生至众,天子以一身临其上,生养抚育,莫不引领,必深思得众得国之道,使四海咸登康阜,绵历数于无疆,惟休。汝尚宽裕慈仁,温良恭敬,慎乃威仪,谨尔出话,夙夜恪勤,以祇承祖考遗绪,俾予亦无疚于厥心。"对这些治国修身的道理,康熙帝铭记于心,

付之于行。因此可以说,康熙大帝之所以文治武功大有作为,开创了大清王朝的鼎盛时期,孝庄文皇后是功不可没的。

康熙二十六年九月孝庄文皇后病重,康熙帝日夜看护;十二月,康熙步行至天坛,愿减己寿以延长孝庄文皇后的生命。孝庄文皇后病重期间,康熙帝隔幔看护,水米不进,衣不解带。当孝庄文皇后病危之际,康熙帝痛哭不止。康熙二十六年十二月二十五日,孝庄文皇后病逝于慈宁宫,享年75岁。

董鄂妃为什么能成为顺治最宠爱的皇后?

孝献皇后董鄂氏,又作栋鄂氏,世称董鄂妃。董鄂妃隶满州正白旗,祖籍栋鄂(一称董鄂,即今桓仁满族自治县雅河流域),以地为姓。董鄂妃的父亲鄂硕,曾追随皇太极南征北战,战功卓著。董鄂氏生于清崇德四年(公元1639年),自幼聪慧过人,并且受到良好的家庭教育。

董鄂妃在15岁时被选中秀女,并被指配给顺治的异母弟襄亲王博穆博果尔为妻,次年与其完婚,成为襄亲王妃。由于襄亲王常年在外征战,无法顾及儿女私情,董鄂妃虽贵为王妃,却经常独守空闺,生活非常苦闷,并无幸福可言。

后来,董鄂妃与顺治帝偶然邂逅,一见钟情,顺治帝被她的美貌和气质深深吸引,以致不顾身份,穷追不舍。于是二人频繁约会,坠入爱河。襄亲王知道此事后,怨愤而死。襄亲王的死,成就了顺治与董鄂妃二人的美好姻缘,从而也为民间留下

了一段美丽的爱情故事。

董鄂妃服丧期满之后，便被顺治召入宫中。顺治十三年(公元1656年)八月，18岁的董鄂妃刚一进宫，就被顺治立为贤妃。又过了一个月，董鄂妃被顺治谕升为皇贵妃，并于当年十二月举行了隆重的册封典礼。随后顺治帝又特颁恩诏，大赦天下。按照清初规定，只有册封皇后才能颁发诏书，而董鄂妃入宫不到半年，就连晋两级，升为皇贵妃，并大赦天下，这在清朝历史上是空前绝后的，由此可见顺治对董鄂妃的宠爱程度。

董鄂妃入宫之前，顺治已册封过两位皇后，第一位皇后是博尔济吉特氏，是孝庄皇太后的侄女，顺治的表妹，虽然貌美聪慧，然而性情乖张，所以最终被顺治废为静妃，并打入冷宫。第二位皇后博尔济吉特氏，则是孝庄皇太后的侄孙女，虽然秉性淳朴，但却没什么才能和爱好，因此顺治并不喜欢她。

董鄂妃不仅品貌俱佳，多才多艺，而且深明大义，见识广博，又谙熟宫中的各种礼节，因此深得顺治恩宠，皇后和众妃嫔皆被冷落一边。

顺治帝亲政以后，虽然很想有一番作为，但是他满族贵族子弟的恶习难改，尽管大臣们对他多次谏阻劝诫，均无济于事，顺治帝依然行为放荡，我行我素。然而自从有了董鄂妃，顺治帝竟然尽改恶习，与董鄂妃朝夕相处，心心相印，可谓一个奇迹。这不能不说是受到董鄂妃潜移默化的影响。

顺治帝对董鄂妃一往情深，引为知己。董鄂妃对顺治更是尊崇挚爱，体贴入微，亲自照料顺治的起居饮食。有时遇到庆典，顺治由于兴致所致，难免多饮几杯，董鄂妃就劝他不要贪杯。顺治喜欢打猎，董鄂妃就谏阻他说："陛下籍祖宗鸿业，讲武事，安不忘战，甚善。然马足安足持，以万邦仰庇之身，轻于驰骋，妾深为陛下危之。"顺治不但听从了董鄂妃的劝谏，而且赞誉她"深识远虑，所关者切。"

顺治性格多变，脾气暴躁，有时会与大臣们闹得不欢而散。一次，顺治下朝回宫，让董鄂妃与他共同进餐，董鄂妃借机劝谏说："陛下厚爱，我感到非常荣幸，然而您为什么不多与大臣们共餐，谈笑说乐，让他们也铭记皇上的恩惠呢？"自此之后，顺治便经常与诸大臣共食。还有一次，顺治帝曾下谕免视朝，董鄂妃谏阻说："群臣只有在视朝时才能获得面见陛下的机会，这不能因陛下个人喜好而定啊！"顺治此后便频频视朝。顺治每天必须批阅数百道奏章，因此常常忙到深夜。有些奏章只要按惯例走一下程序，因此顺治帝大致翻阅一下就表示同意其奏。董鄂妃看顺治处理奏章如此草率，便轻声问道："这些奏章难道不重要吗？陛下为什么要轻易处置呢？"顺治漫不经心地回答："没有用，都是老一套了！"董鄂妃却说："虽然已有法度，但怎么知道情况不是在变化的呢？或者有其他缘故需要批阅呢？"并且语重心长地说："祖宗留下的基业任重而道远，

陛下虽然身心劳苦，也不能草率行事啊！"在董鄂妃的劝谏下，顺治对每道奏章必细心批阅。这一时期也是顺治帝最为勤政的时期。这里面不能不说有董鄂妃的一份功劳。

董鄂妃虽然极得顺治的宠幸，却从不干预朝政。夜深人静之时，顺治偶尔提出让董鄂妃与他同阅奏章，董鄂妃起身致谢说："我听说宫中女子不得过问宫外之事，又怎能干预国政呢？请陛下明察。"董鄂妃并非专权擅政之人，在她的心目中总有一把无形的尺度，言行举止总能恰到好处。清朝初年，因为吏治混乱，新旧矛盾交错，处理起来非常麻烦，让顺治帝大伤脑筋。董鄂妃得知原委后，劝道："这种事情确实不是我所敢干预的，但我愚见，以为诸大臣虽都有过失，但都是为了国事，并非为一己之私，陛下为什么不息怒详察，以服其心。不然，大臣们不服，又怎能服天下之心呢？"董鄂妃的这些建议和思想成为顺治整顿吏治的重要指导方针。

董鄂妃劝谏顺治以仁义治天下，这也使得顺治对她感佩不已。一次，顺治审阅一批报斩罪犯的卷宗，提笔很长时间仍不忍勾决。董鄂妃见状，起身问道："不知是什么事，竟使陛下如此心神不安，忧虑重重？"顺治沉吟道："这是秋天正法犯人的卷宗，这里面的十几个人，只要我说可斩，就将被正法啊！"董鄂妃听罢，潸然泪下，劝谏说："这些该杀头的人，都是愚昧无知，又不是陛下亲自审理，也难免有失误之处，况且刑部审案，

又怎能全无冤枉呢？”

董鄂妃虽然被委以掌管后宫的重任，但她非常清楚后宫的内幕和自己入宫的背景。她侍奉皇太后极尽孝道，为患病的年轻皇后端茶奉药，对后宫众多的妃嫔眷属，无论大小，董鄂妃都一视同仁。后宫有人做了好事她立即上奏，有了过错则竭力为其掩盖，从来不打小报告。

董鄂妃在后宫倡导节俭，并处处以身作则，在个人生活上从不奢华，平时穿着“绝无华彩”。顺治给她的赏赐，她都分给下面的奴婢，从不吝啬。

董鄂妃虽为皇贵妃，却有着悲天悯人的菩萨心肠，在后宫她抚育了承泽郡王两个年幼的女儿，安王一个年幼的女儿，慈爱程度与亲生母亲一样。由于董鄂妃殚精竭虑，尽职尽责，而且谦恭有度，善解人意，而且把后宫管理得井井有条，因此赢得了后宫上下一片赞誉。

不仅如此，董鄂妃在经史、佛学和书法方面，都有较深的造诣。董鄂妃原本不信佛，由于顺治崇信佛学，经常为她讲解佛经教义，因此她也开始专心禅学。有董鄂妃这样色艺双全的爱妃陪伴，不仅能与顺治谈论治国之道，而且能与顺治参禅悟佛，因此二人更是志同道合，爱笃情痴。

顺治十四年（公元 1657 年）十月初七日，董鄂妃喜得贵子，然而，这位皇四子只活了百余天就突然夭折了。董鄂妃别无儿女，仅此一子，因此她经受不住丧子之痛，终于一病不起。顺治十七年（公元 1660 年）八月十九日，董鄂妃病逝于承乾宫，年仅 22 岁，死后被顺治追封为皇后，谥号“孝献皇后”。

赫舍里氏为什么能成功入选为康熙帝的第一位皇后？

孝诚仁皇后，赫舍里氏，生于顺治十年十二月十七日（公元 1654 年 2 月 3 日），卒于康熙十三年五月初三。

赫舍里氏是康熙皇帝的第一位皇后。康熙初年，身为皇祖母的孝庄文皇后在为康熙皇帝选皇后时煞费了一番苦心。在候选人中，既有鳌拜的女儿，又有遏必隆的女儿，无论选谁为皇后，都必然会导致皇后所在家族势力的壮大。当时，鳌拜的狂妄自大已经初露端倪。因此，鳌拜的女儿被第一个从名单中删除。遏必隆是一个“墙头草”式的人物，哪一方势力强大，他就向哪一方倾倒，所以对待遏必隆既不能完全依靠，又不能完全置之不理，因此遏必隆的女儿可以进宫为妃，而不能为后。另外一位候选人就是四位顾命大臣之首索尼的孙女。索尼身位顾命大臣，除了对汉族官员有些排斥之外，对清廷是绝对衷心的，而且，他对鳌拜的专权也早有意见，因此册立他的孙女为皇后是再合适不过了。后来的事实也证明，孝庄文皇后的决策是十分英明的，在与鳌拜的斗争中，索家立下了汗马功劳。虽然索尼中途去世，但是他的二儿子，即孝诚仁皇后的叔

父——索额图，在与鳌拜的斗争中帮助康熙皇帝取得了最后的胜利。孝诚仁皇后也因此受到了康熙皇帝的宠爱。

康熙十三年，孝诚仁皇后生下了皇二子胤礽之后，于当日因难产去世。康熙皇帝悲痛万分，并暗下决心，要立胤礽为太子，以回报索家为皇室做出的贡献。这也正是胤礽屡次犯错而屡次受到康熙皇帝原谅的原因。但是到了康熙晚年，胤礽已经越来越不像话了，根本难成大器。为了不使天下百姓受苦，康熙皇帝做出了痛苦的抉择：将对孝诚仁皇后的爱、对索家忠臣的感激放在一边，毅然而决然地废掉了胤礽，另立皇四子胤禛为继承人。可惜温柔贤德的孝诚仁皇后没有为康熙皇帝生下一位有为的天子。

雍正的第一位皇后孝敬皇后乌拉那拉氏为什么深得雍正帝敬重？

清世宗孝敬宪皇后，乌拉那拉氏，步军统领费扬古的女儿。育有一子，名弘晖，可惜 8 岁夭折。

乌拉那拉氏为人温和恭敬，在藩邸（藩王之第宅）和宫廷生活近四十年，虽然历经宫廷明争暗斗，但最后得以善终，实属不易。胤禛为皇子时，娶乌拉那拉氏为妻。后来被康熙帝册封为雍亲王嫡福晋。乌拉那拉氏在雍正的藩邸生活了二十年，亲身经历了康熙年间宫廷斗争的多事之秋。胤禛即位，是为雍正帝。乌拉那拉氏的地位也随之提高。雍正元年（公元 1723

年)，她被册封为皇后。

雍正帝没有声色犬马之好，因此放掉了宫内所养的全部珍禽异兽。雍正帝喜欢园林，因此常年办事的地点就在圆明园。闲暇时，雍正帝喜欢流连于园中山水之间。乌拉那拉氏深知雍正帝事务繁忙，日理万机，因此对他生活上的一些爱好尽力满足。在掌管六宫时，乌拉那拉氏与嫔妃、宫娥之间的关系相处甚好。乌拉那拉氏为人孝顺恭敬，无论是在藩邸的年月，还是被封为皇后以后，她始终如一。

雍正对乌拉那拉氏皇后非常尊重，经常称赞她谦和顺从。雍正九年(公元 1731 年)九月，乌拉那拉皇后病逝。雍正帝非常悲痛，他说："皇后自垂髫之年，奉父皇之命，在我当亲王的时候，便嫁给我了。婚后四十余年，夫妻感情相融，她为人极好，孝顺恭敬，四十年如一日。"雍正为乌拉那拉皇后亲上谥号为"孝敬皇后"。后来，雍正死后，乌拉那拉皇后与其合葬于泰陵。

为什么说雍正的第二位皇后钮祜禄氏是最有福气的皇后？

要说清朝哪位皇后最有福气，那么当属雍正的第二位皇后孝圣宪皇后钮祜禄氏了。之所以说她有福气，原因之一是她深得雍正帝宠爱，原因之二是她生了一个好儿子——乾隆皇帝。乾隆是清朝历史上最有福气的皇帝，而她的母亲钮祜禄氏是最有福气的太后。钮祜禄氏的一生贯穿整个康乾盛世，享年 86

岁，生前儿孙满堂、享尽荣华，而且乾隆皇帝对她更是孝顺至极。

清世宗孝圣宪皇后，钮祜禄氏，生于康熙三十一年十一月二十五日（公元 1693 年 1 月 1 日），卒于乾隆四十二年正月二十三日（公元 1777 年 3 月 2 日），满洲镶黄旗人四品典仪官凌柱的女儿。死后葬于泰东陵。

康熙四十三年（公元 1704 年），年仅 11 岁钮祜禄氏被指婚给当时还是雍贝勒的胤禛。由于她的父亲凌柱身份官位不高，而当时胤禛的封爵是贝勒（仅次于王爵），因此当时钮祜禄氏的身份只能是格格，这一身份一直到弘历（即后来的乾隆帝）降生才得以改变。

康熙五十年（公元 1711 年）八月十三日，钮祜禄氏生下弘历。雍正元年（公元 1723 年）二月，钮祜禄氏被册为熹妃；雍正八年（公元 1730 年），晋为熹贵妃；雍正十三年（公元 1735 年）九月，弘历即位，钮祜禄氏被尊封为崇庆皇太后，移居慈宁宫。

钮祜禄氏当时被作为秀女指婚给胤禛时，她的地位不是很高，只是格格身份。但是由于钮祜禄氏为人贤德勤劳，康熙对这个儿媳妇非常赞赏。

有一次，雍王患时疫，病情严重，几近丧命，钮枯禄氏殷勤侍奉左右，煎汤熬药，非常体贴周到。雍王康复之后，对她尤为钟爱。

康熙五十年(公元1711年)八月十三日,钮枯禄氏生皇四子弘历。弘历12岁时随父亲雍王初侍康熙帝。康熙帝一见到皇孙弘历聪颖过人,便十分喜爱,于是接他到皇宫去读书,亲自抚养,并称弘历"是福过于予",连声称赞钮祜禄氏是有福之人。为此,钮枯禄氏更加得到雍正的恩宠。

雍王登基之后,先封钮祜禄氏为熹妃,进而晋为熹贵妃。雍正元年(公元1723年)八月,雍正帝秘密立储,将弘历的名字书写好,放于乾清宫"正大光明"匾额之后。弘历25岁即皇位,按照雍正帝的遗命,母以子为贵,封熹贵妃为皇太后。

为什么说乾隆的皇后孝贤纯皇后富察氏是最贤惠的皇后?

乾隆皇帝是出了名的"多情天子",有关他情感经历的野史传闻层出不穷、屡见不鲜。但是真正了解乾隆的人都知道,乾隆皇帝一生真正深爱的女人只有一个,那就是他的嫡妻孝贤皇后。孝贤皇后的贤惠、善良、大度、温柔处处显示出母仪天下的风范,无愧于"孝贤"之名。

孝贤皇后,富察氏,生于康熙五十一年(公元1712年)二月二十二日,卒于乾隆十三年(公元1748年)三月十一日,年仅37岁,谥为孝贤皇后。

孝贤皇后富察氏属于满洲镶黄旗。满洲镶黄旗是上三旗中的首旗,由皇帝亲统,地位非常高。在清朝历代皇后中,真正

出身于满洲镶黄旗的并不多。孝贤皇后不但旗籍高，而且出身于名门宦家。富察氏是满洲八大姓之一，从太祖到世宗时期，富察氏家族人才辈出，为大清屡建功勋。孝贤皇后的祖父米思翰在康熙年间任议政大臣，当过七年的户部尚书，掌管国家财政大权，深受康熙帝器重。孝贤皇后的父亲李荣保是米思翰的第四子，官至察哈尔总管。孝贤皇后出身于这样一个良好的家庭，从小就接受良好的正统教育，娴于礼法，深明大义，并且有很好的文化修养，加上她天生端庄文静，可以说是一位标准的名门淑女、大家闺秀。

雍正五年(公元1727年)，在一次秀女选拔中，16岁的富察氏一眼就被雍正帝看中。雍正帝决定将这位名门之女指配给早已秘定为皇储的皇四子弘历为嫡福晋。雍正帝以其犀利的眼光，为大清王朝挑选了又一位一代贤后。

婚后，弘历和富察氏这对小夫妻相敬如宾，感情笃挚，百般恩爱。富察氏不仅聪慧美丽，而且温柔贤惠。她尽心尽力孝敬公婆，恪尽儿媳本分，与公婆相处得非常融洽，深得公婆的喜爱。婚后第二年，富察氏生下皇长女，然而这个公主命薄，2岁时就夭折了。婚后第四年，富察氏又生下了皇二子，雍正亲自为其取名为“永琏”。根据《清高宗实录》卷78记载，雍正为这个皇孙取名“永琏”，暗含着让乾隆以后将此子立为皇储的意思。婚后第五年，富察氏又生下皇三女和敬公主。

乾隆即位以后，在乾隆二年（公元1737）十二月初四册立富察氏为皇后。因为皇后富察氏的谥号为孝贤，故后人通常称其为孝贤皇后。

孝贤皇后虽然出身名门望族，但并非骄奢任性的女子。相反，她生性节俭，不好奢华，平时在宫中从不穿金戴银，而只是穿戴一些简单、普通的衣物服饰。有一次，乾隆帝对孝贤皇后谈起关外旧俗，提及祖上刚刚创建帝业时，生活条件非常艰苦，衣物的装饰都是用鹿尾绒毛搓成线缝在袖口，而并非像现在皇宫中那样用金线银线精工细绣而成。乾隆帝当时只不过是顺口说说而已，但孝贤皇后却将这番话牢牢记在心里，后来还特地做了一个用鹿尾绒毛搓成线缝制而成的燧囊献给乾隆，以示不忘满洲本色。乾隆帝非常珍爱孝贤皇后亲手缝制的燧囊，并且一直带在身边。孝贤皇后勤俭的作风和不忘本色的心意，深深赢得乾隆帝的敬佩和尊重。

除了生活节俭之外，孝贤皇后对乾隆帝也是爱护备至。有一次，乾隆帝患上了严重的疖疮，经过多次医治，才渐渐初愈，但御医一再嘱咐将养百日之后才能完全康复。孝贤皇后听说以后，虽然每日还要侍奉皇太后，处理六宫的纷繁事务，同时还要照料教育子女，但为了让乾隆养好身体，她就搬到了乾隆寝宫的外屋居住，随时端茶倒水，亲自喂汤喂药，精心服侍了乾隆一百多天。乾隆病愈之后，看到消瘦了很多的孝贤皇后，

既心疼又感动，他觉得自己拥有孝贤皇后这样的贤妻，是他今生莫大的福气。

孝贤皇后办事有条有理，主持后宫事务不偏不妒，对待太监宫女宽厚仁慈，而且把乾隆各位妃子所生的子女都视为己出，因此深得其他妃嫔的敬重，后宫上下均称赞她的美德。有这样的贤后主持后宫，乾隆帝毫无内顾之忧，因而得以专心地处理国家政务。乾隆认为这一切都是孝贤皇后的功劳，把她视为难得的贤内助。

除了对孝贤皇后的贤良淑德非常欣赏外，乾隆帝对她最满意之处就是她非常孝敬自己的生母崇庆皇太后。乾隆是个有名的大孝子，对母亲的孝顺到了无以复加的地步。崇庆皇太后出身寒微，与出身高贵的孝贤皇后根本没法比。然而孝贤皇后生性纯孝，把皇太后侍奉得十分体贴周到，婆媳关系相处得非常融洽，宛若亲生母女一般。

早在乾隆当皇子时，就已经娶了福晋、侧福晋、格格等十余人。当了皇帝之后，又纳了不少妃嫔。然而在乾隆的众多后宫嫔妃之中，孝贤皇后是与乾隆感情最好的，也是乾隆最为宠爱的。

孝全成皇后钮祜禄氏为什么深得道光帝偏爱？

孝全成皇后，钮祜禄氏，钮祜禄·颐龄之女，满洲正红旗，

道光十四年抬旗至满洲镶黄旗，是道光帝第三位继妻、即位后所立第二位皇后。钮祜禄氏生于嘉庆十三年(公元1808年)二月二十八，卒于道光二十年正月十一（公元1840年2月13日)，终年33岁，谥号孝全皇后，死后葬于清西陵慕陵龙泉峪地宫，后与宣宗合葬。

钮祜禄氏出生时，其父颐龄是乾清门侍卫，世袭二等男爵，钮祜禄氏跟随父母在苏州长大成人。

明、清两代，苏州是全中国最大的工商业城市和经济中心，号称“海内繁华、江南佳丽”之地，可谓物华天宝，人杰地灵。正所谓“一方水土养一方人”，苏州女子多聪慧娴淑。据有关史料记载：钮祜禄氏从小就长得非常漂亮，而且聪明伶俐，再加上江南名城苏州水土文风的滋养和熏陶，更为她平添了几分灵气。除了刺绣(指苏州的苏绣)和诗书，钮祜禄氏还擅长苏州女子雅好的七巧板拼字游戏，她在这方面还尤为出色。入宫后，她曾仿世间常见的七巧板样式，将木片削为若干方，排成吉祥语“六合同春”四个字，难度非常大。除此之外她还曾跟随父亲游历，去过很多地方，因此见多识广。钮祜禄氏凡事都很有主见和谋划，这就使得她更加与众不同。

道光元年(公元1821年)，年方13岁的钮祜禄氏参加了道光帝即位后的第一次大规模选秀。她立即就被道光帝看中，留在了宫中，继而被封为贵人。由于她才、智、貌样样俱佳，因此，

道光帝特赐徽号"全"字，因此她被称为"全贵人"。

全贵人既年轻漂亮，又聪明伶俐，因而很快就得到了道光帝的偏爱。入宫仅一年左右，她就被晋升为"全嫔"，时年刚刚14岁。

道光三年二月十二日（公元1823年3月24日），全嫔又晋升为"全妃"。道光帝命协办大学士、户部尚书英和为正使，内阁学士奕经为副使，持节赍（jī）册（指后妃的名册），行册封礼，钮祜禄氏正式成为全妃，时年15岁。钮祜禄氏入宫才短短两年，就从贵人晋升为嫔再晋升为妃，其地位得到如此迅速的提升，足以证明她几乎成了道光帝的专宠。

道光四年（公元1824年）初夏，全妃怀孕。道光五年二月二十日（公元1825年4月8日），全妃生下第一个女儿即皇三女。当年四月十三日（公元1825年5月30日），全妃再度晋升为全贵妃。

道光六年四月初六（公元1826年5月12日），全贵妃生下第二个女儿即皇四女，即后来的寿安固伦公主。道光十一年六月初九（公元1831年7月17日），全贵妃生下唯一的儿子——皇四子奕詝，即后来的咸丰帝，母以子贵，由此，全贵妃的地位更加尊崇。

道光十三年四月二十九日（公元1833年6月16日），道光帝的第二位继妻、即位后所立的第一位皇后佟佳氏因病去世。

由于六宫无主，当年八月十五日中秋节（公元 1833 年 9 月 28 日），按照孝和皇太后懿旨晋升全贵妃为皇贵妃，代行皇后权力。

道光十四年十月十八日（公元 1834 年 11 月 18 日），道光帝命大学士长龄为正使，礼部尚书奕颢为副使，持节赍册、宝（指皇后的玉玺），正式册立皇贵妃钮祜禄氏为皇后。

道光二十年正月十一（公元 1840 年 2 月 13 日），钮祜禄氏皇后突然驾崩于皇后寝宫——紫禁城东六宫的钟粹宫，年仅 32 岁，死因不明。道光帝万分悲痛，特赐谥号为“孝全皇后”。

咸丰帝的第二位皇后孝贞显皇后是怎么死的？

孝贞显皇后，钮祜禄氏，满洲镶黄旗人，广西右江道三等承恩公穆扬阿的女儿。咸丰帝即位后，钮祜禄氏被封为贞嫔，贞妃，后又晋为贞贵妃。咸丰二年六月，钮祜禄氏被册立为皇后，时年 16 岁。

咸丰十年八月，英法联军侵入北京，孝贞显皇后跟随咸丰帝自圆明园逃往热河行宫。次年七月，咸丰帝驾崩，当时孝贞显皇后年仅 25 岁。由于皇后无子，便立懿贵妃 6 岁的儿子载淳继承皇位，尊孝贞显皇后为母后皇太后，上徽号为“慈安”，称为慈安太后，尊其生母懿贵妃为圣母皇太后，上徽号为“慈禧”，称为慈禧太后。因为慈安太后居住在紫禁城东路的钟粹宫，故而称作“东太后”，慈禧太后居住在西路的储秀宫，故而

称作“西太后”。

同治、光绪两朝初年，慈安、慈禧两太后先后两次垂帘听政。慈安太后为人忠厚正直，但有时遇事也颇为果断。同治八年（公元1869年），慈禧太后派心腹太监安德海出京置办龙衣。安德海乘船顺运河南下，龙旗招展，仿佛天子出巡一般，而且沿途大肆搜刮民脂民膏，激起了百姓的普遍不满。山东巡抚丁宝桢将此事汇报宫中，慈安太后得知后震怒，命令将安德海就地正法。由于安德海是慈禧太后的亲信，因此此事引起慈禧太后的极大不满。

公元1881年3月9日，慈安太后突然暴死，卒年45岁，因死时突然，死因不明，故有传闻说是慈禧所害。同年9月，慈安太后被葬于清东陵普祥峪定东陵地宫。

对于慈安太后的死，一直以来都有种种怀疑和猜测，成为200多年来清宫史上的又一个疑案。关于慈安太后的死，主要有以下几种说法：

1.清朝官方的“正常病死说”。

朱寿朋的《光绪朝东华录》中记载有慈安太后的遗诏，遗诏说她在“（1881年农历三月）初九日偶染微疴，初十日病势陡重，延至戌时，神思渐散，遂至弥留”。不过这种“因病致死”却是那样迅速而突然，不能不令人生疑。据《清稗类钞》记载，在慈安刚刚感到身体不舒服时，御医曾为她诊过脉，认为她“微

疾不须服药”。不料当晚御医就听说“东后上宾，已传吉祥板（棺木）”，因此他大为诧异，以为是有人故意造谣。后来噩耗证实，御医觉得难以置信：“天地间竟有此事，吾尚可在此？”另一位当事人左宗棠，当时任军机大臣。当他突然听说慈安太后得病身亡，捶胸顿足大声说：“昨早对时，上边（指慈安）清朗周密，何尝似有病者？即去暴疾，亦何至若是之速耶？”因此说，“正常病死说”存在诸多疑点，令很多人难以信服。

2.由于慈禧与慈安交恶，慈安被迫自杀说。

根据《清稗类钞》另一种记载，慈安与慈禧共同垂帘听政，慈禧权欲极强，慈安却倦怠少闻处事，并不与慈禧争权，因此倒也相安无事。但到了公元1881年初，慈禧身患血崩剧疾，不能临朝主政，因此慈安太后这段时间只能独视朝政，从而使得慈禧大为不悦，于是慈禧对慈安太后百般诬蔑，言辞颇为激烈，致使慈安太后气愤异常，然而慈安太后为人木讷，又不善与人辩解，因此恼恨之下，“吞鼻烟壶自尽。”

3.慈禧进药毒死说。

据《慈禧外纪》记载：当年咸丰临终时，曾秘密留下了一个遗诏给慈安，让她监督慈禧，如果慈禧“安分守己则已，否则汝可出此诏，命廷臣传遗命除之。”但是慈安为人忠厚老实，竟将此事告诉了慈禧。慈禧为人阴险毒辣，表面上对慈安感泣不已，暗地里却早已起了杀机，于是借向慈安进献补药之机，暗

下毒药，加以谋害。另外，文廷工在《闻尘偶记》中记载说：慈禧因为与人私通怀孕，为慈安太后察觉，慈安准备废黜慈禧太后的称号，慈禧闻讯，先下手为强，设计毒死了慈安。

然而，上述几种说法皆是出自传闻或野史笔记，并无可靠的史实依据。慈安太后之死始终是个千古谜团，有待于进一步考证与分析研究。

慈禧为什么被称为最铁血的皇后？

慈禧太后的事迹可以说无人不知、无人不晓。慈禧一生的经历堪称大清王朝的“铁血女人”。

慈禧太后叶赫那拉氏，乳名兰儿。生于道光十五年十月十日（公元 1835 年 11 月 29 日），卒于光绪三十四年十月二十二日（公元 1908 年 11 月 15 日），又有“西太后”、“那拉太后”、“老佛爷”等称呼。慈禧是同治帝的生母，光绪帝的养母。

慈禧是满洲镶蓝旗人，后抬旗入镶黄旗，其家庭属叶赫部。慈禧自幼博学多才，能书善画。咸丰二年（公元 1852 年），慈禧被选秀入宫，赐号兰贵人，后册封懿嫔。公元 1856 年 3 月，慈禧生下咸丰帝唯一的皇子载淳，即后来的同治帝，因此晋封为懿妃。后来又被晋封为懿贵妃。由于咸丰帝体弱多病，内忧外患使他心力交瘁，因此他逐渐变得懒惰。懿贵妃工于书法，咸丰帝便时常口授，让懿贵妃代笔批阅奏章，这就使得慈禧有了接触政治的机会。

公元 1860 年，在英法联军攻入北京之前，慈禧随咸丰帝及皇子载淳逃往热河避难。公元 1861 年 8 月，咸丰帝在热河病逝。由于皇子载淳只有 6 岁，咸丰帝死前将怡亲王载垣、郑亲王端华、协办大学士尚书肃顺等八人任命为顾命大臣，又把两枚代表皇权的印章交给皇后和懿贵妃，希望他们相互牵制。

咸丰帝死后，幼子载淳即位，定年号为“祺祥”。懿贵妃与皇后钮祜禄氏（慈安太后）被并尊为皇太后。顾命八大臣企图独权专政，权力欲极强的慈禧对此极为不满，于是联合在京主持和谈的恭亲王奕訢（咸丰帝的弟弟）发动了辛酉政变，设计逮捕了八大臣，并判处怡亲王载垣、郑亲王端华自裁、肃顺斩立决，其他人革职，从而铲除了顾命八大臣的势力。奕訢被封为议政王。公元 1861 年 12 月 2 日，两宫太后（慈安太后与慈禧太后）御养心殿，垂帘听政，并改年号为“同治”。

执政初期，慈禧在议政王奕訢的辅佐下，整饬吏治，重用汉臣，依靠曾国藩、左宗棠、李鸿章等汉族地主武装，并借助列强的支持，先后镇压了太平天国、捻军和苗民、回民起义，从而缓解了大清王朝的统治危机，使大清王朝得到了暂时的稳定。为了维护封建专制统治，慈禧又重用洋务派，以“自强”与“求富”为方针，发展了一些军用和民用工业，训练海军和陆军以加强军事实力。这在客观上对中国的近代化起到了一定的积极作用。通过洋务运动的开展，清王朝的军事实力有一定程度

的提高；工商业也有了初步发展，被清朝统治阶级称为“同治中兴”。然而由于慈禧对西方先进的科学技术知之甚少，因此她也作出很多愚昧无知的决定，从而阻碍了洋务运动的进一步发展。

同治十一年（公元 1872 年），载淳已满 17 岁，慈禧不得不为他选后。次年，两宫太后撤帘归政。但是同治帝亲政后仍没有摆脱慈禧的干预。慈禧为了享乐，授意同治帝修缮圆明园以供其居住。同治帝也打算趁此机会让太后离宫以摆脱她的控制。然而由于当时财政拮据，圆明园又毁坏严重，修复耗资甚巨，因此，修缮工作遂被搁置。

公元 1875 年 1 月，同治帝病逝。慈禧立她的侄子兼外甥、4 岁的载湉即位，改年号为“光绪”，两太后再次垂帘听政。

公元 1865 年—1870 年，中亚浩罕汗国侵略者阿古柏入侵并窃据了新疆大部分地区。公元 1871 年，沙俄出兵占领我国伊犁地区。公元 1875 年，慈禧采纳陕甘总督左宗棠的建议，出兵新疆，并于公元 1878 年 1 月收复新疆。公元 1881 年，中俄双方通过谈判，中国收回了伊犁大部分地区。

公元 1881 年 4 月 8 日，慈安太后暴亡，卒年 45 岁，很多人认为是慈禧所害，以实现其一宫独裁的目的。但此种说法只是一种推测，并无确切证据可考。

公元 1883 年—1885 年，中法战争爆发。战争之初，慈禧以

战事不利为由，把责任全部推给以奕訢为首的军机处大臣，并将他们全部革职，史称“甲申易枢”。从此慈禧完全掌控了朝政。后来中法双方在军事上互有胜负。但以慈禧为首的清政府却主张“乘胜议和”，与法国签定了《中法新约》，从而使法国不胜而胜，清政府不败而败。

公元1889年2月，光绪大婚，名义上开始由光绪帝亲政，慈禧又训政了数年。在训政结束后，朝政实际上仍然把持在慈禧手里，光绪帝成为一个有名无实的傀儡皇帝。

公元1894年，适逢慈禧六十寿辰之际，慈禧下令，挪海军经费，修缮颐和园。然而就在同一年，又逢日本发动中日甲午战争。光绪帝主战，慈禧也主战。不过，当有人提出暂停颐和园工程，将修缮费用移作军费的时候，慈禧却大发雷霆，说：“今日令吾不欢者，吾亦将令彼终生不欢！”后来，清军在战场上接连失利。为了不影响自己的六旬庆典，慈禧希望外国出面干涉，以尽快结束战争。慈禧大力支持李鸿章避战求和的方针，并以各种借口打击以光绪为首的主战派。在金州、大连相继失陷，旅顺万分危急的情况下，慈禧却在紫禁城宁寿宫内度过了她的60岁生日。后来，中国海陆两个战场均遭失败，以慈禧为首的主和派不得不向日本求和，并与日本签订了中国历史上空前屈辱的不平等条约《马关条约》。此条约大大加深了中国的半殖民地化进程。

中日甲午战争之后，列强掀起了瓜分中国的狂潮。为了救亡图存，光绪帝任用以康有为、梁启超为首的资产阶级改良派发起维新变法运动。由于光绪帝的变法触动了满洲贵族和众多封建官僚的利益，因此引起了他们的强烈不满和反对。慈禧听说光绪帝企图让袁世凯派兵包围颐和园，并拘禁她本人，于是发动政变，囚禁了光绪帝，并杀害了谭嗣同等"戊戌六君子"，从而将轰轰烈烈的"百日维新"运动彻底扼杀了。

19世纪末，中国北方兴起了义和团运动。慈禧最初主张剿灭，但镇压屡遭失败，义和团发展迅猛并进入北京。慈禧打算剿抚并用，但列强要求清政府完全剿灭义和团，并且不顾清政府反对，擅自调兵入京。慈禧一向对洋人不满，于是产生了利用义和团对抗列强的念头。但是，慈禧的决定遭到了刘坤一、张之洞等地方大员的反对。他们联名上奏，力主剿灭义和团，向列强求和。并且与列强订立条约，实行"东南互保"。慈禧的决心开始动摇，她一方面要求各省将军督抚认真布置战守事宜，继续利用义和团围攻使馆、抗击八国联军。另一方面，她命令荣禄前往使馆慰问各国使臣，而且分别致国书给俄、英、日、德、美、法等各国元首，请求他们出面"排难解纷"、"挽回时局"。然而，八国联军并没有停止军事进攻。公元1900年8月14日，八国联军攻入北京，慈禧带着光绪帝仓皇出逃，并命令奕劻、李鸿章为全权大臣，负责与列强进行谈判。公元1901年

9月7日，清政府与11个帝国主义列强签订了丧权辱国的《辛丑条约》。至此，中国彻底陷入了半殖民地半封建社会的深渊。

公元1904年，日本与沙俄为了争夺中国东北与朝鲜，发起了日俄战争。战场是在中国东北，以慈禧为首的清政府居然宣布“中立”，从而使中国主权再一次受到铁蹄的践踏。日俄战争的结果是日本战胜了沙俄，人们由此普遍意识到君主立宪优于君主专制，于是纷纷要求清政府进行宪政改革。为了维持统治，慈禧不得不作出要立宪的姿态，并派出五个大臣出洋考察。公元1906年，慈禧宣布预备立宪。公元1908年，清政府颁布《钦定宪法大纲》，内容仿照德国及日本的宪法，维护皇帝的“君上大权”，过渡期更是达9年之长。事实证明，清政府的预备立宪只是一场骗局。

公元1908年11月14日，光绪帝死。慈禧下令立醇亲王载沣之子、年仅3岁的溥仪即位，年号宣统。次日，慈禧病死，终年74岁，死后葬于河北遵化定东陵。自此，慈禧终于走完了她显赫而不光彩的复杂的一生。

为什么说中国历史上最后一位皇后郭布罗·婉容的一生是悲剧的一生？

婉容，全名为郭布罗·婉容，是清最后一位皇帝宣统帝的皇后，也是我国历史上最后一位皇后。

郭布罗·婉容，字慕鸿，号植莲，生于清光绪三十二年九月

二十七日(公元 1906 年 11 月 13 日),原籍黑龙江省讷河市龙河乡满乃屯,后编入满族正白旗。

婉容是一个贵族家的小姐,优裕富足的生活环境,显赫的家族地位,民族文化及传统文化的教育,无疑都对她产生了极其深刻的影响。她就读的是美国教会学校,懂英语,喜欢爵士乐。

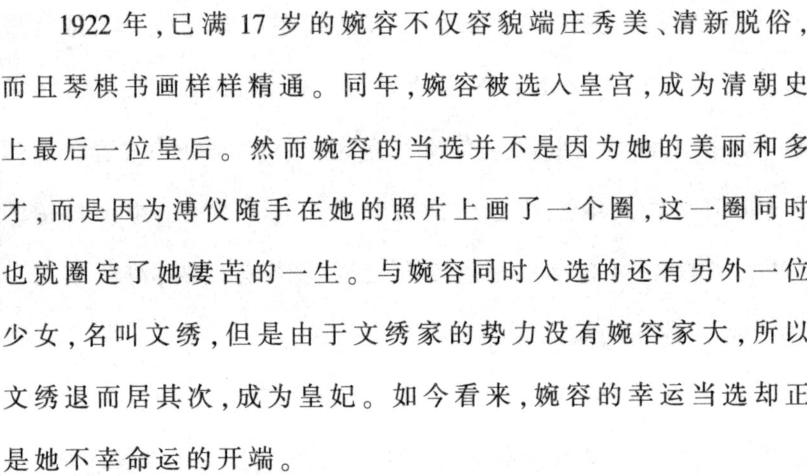

1922 年,已满 17 岁的婉容不仅容貌端庄秀美、清新脱俗,而且琴棋书画样样精通。同年,婉容被选入皇宫,成为清朝史上最后一位皇后。然而婉容的当选并不是因为她的美丽和多才,而是因为溥仪随手在她的照片上画了一个圈,这一圈同时也就圈定了她凄苦的一生。与婉容同时入选的还有另外一位少女,名叫文绣,但是由于文绣家的势力没有婉容家大,所以文绣退而居其次,成为皇妃。如今看来,婉容的幸运当选却正是她不幸命运的开端。

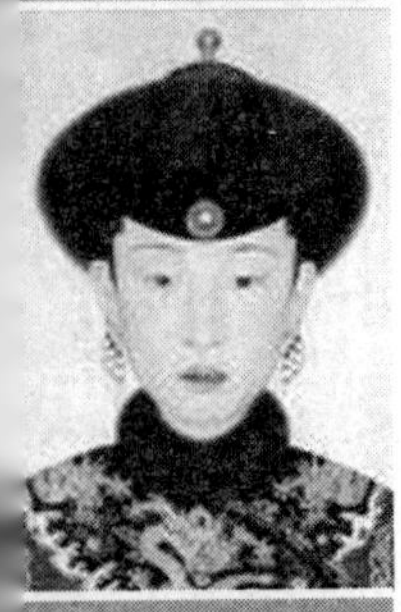

在中国封建君主专制制度中,皇帝是集皇权和夫权于一身的,皇后的身份也因此出现了双重意义:对后宫而言,皇后有统领六宫的义务;对国家而言,皇后有母仪天下的责任。但是,作为溥仪的皇后,婉容虽然有过荣华富贵,但更多的却是生活上的不如意,精神上的禁锢和折磨。即使如此,婉容对自己的身份和责任却有着清醒的认识,她内心充满着善良和仁慈。

据有关史料记载:1923 年 12 月,婉容向北京“临时窝窝头会”捐赠大洋600元，以赈济灾民，受到社会各界的赞誉。1931年，反常的气候造成全国性的大水灾。当时全国受灾的区域达到16省之多，其中长江中下游及淮河流域的湘、鄂、赣、浙、皖、苏、鲁、豫8省灾情极为严重。出宫已久的婉容，看到这样的洪涝灾害，立刻捐出自己的珍珠项链及大洋。1931年盛夏时节，长江两岸数省发生严重水灾，当时溥仪捐出一栋楼房，婉容捐了一串珍珠以赈济灾民。此事引起了社会上的轰动，京、津、沪的报纸上刊登了“皇后”的玉照和那串珍珠。

住在紫禁城的那段日子是婉容最快乐的日子，也将成为她最美丽的永远的回忆。由于母仪天下的荣耀和新婚燕尔的欢愉，婉容过得十分惬意，她的温柔与活泼也给溥仪带来了很多快乐，而她的博学多才，更是让溥仪引为知己。然而婉容也有着大多数女人都有的小心眼和嫉妒心，因此文绣的存在，使得她和溥仪之间也存在着一些不和谐音符。

公元1924年底，溥仪被赶出紫禁城，皇帝的地位和称号也成为了永远的历史。溥仪带着婉容、文绣住进了天津张园。随着时间的推移，溥仪性格上的弱点一天天暴露出来。1931年8月23日，文绣正式向溥仪提出离婚，原因是她再也无法承受溥仪对她的冷落以及宫中的不自由。但是溥仪却把这场给他带来奇耻大辱的“刀妃革命”的所有过失全都推到了婉容的身上。

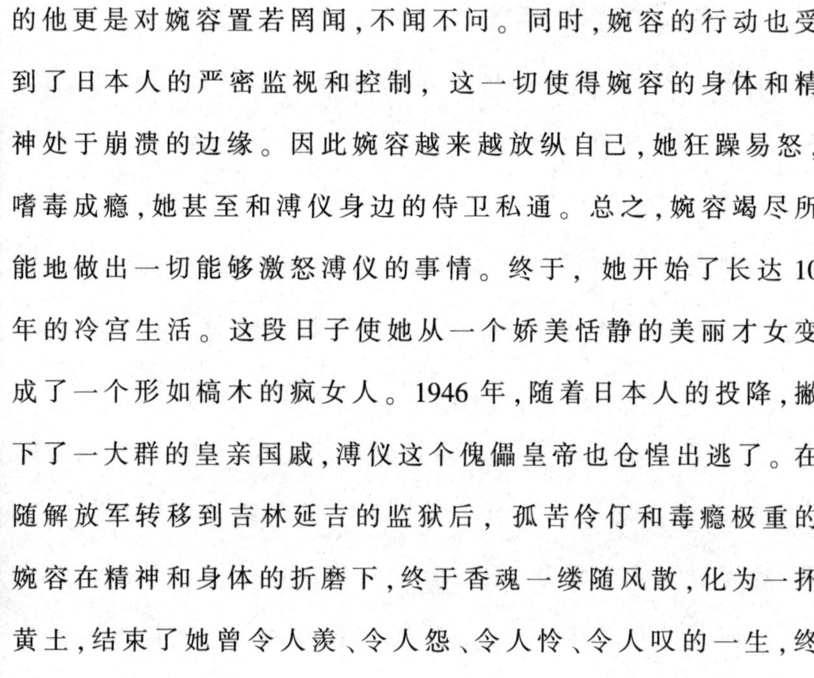

后来溥仪逃到长春,并成为了伪满洲国的傀儡皇帝。此时的他更是对婉容置若罔闻,不闻不问。同时,婉容的行动也受到了日本人的严密监视和控制,这一切使得婉容的身体和精神处于崩溃的边缘。因此婉容越来越放纵自己,她狂躁易怒,嗜毒成瘾,她甚至和溥仪身边的侍卫私通。总之,婉容竭尽所能地做出一切能够激怒溥仪的事情。终于,她开始了长达10年的冷宫生活。这段日子使她从一个娇美恬静的美丽才女变成了一个形如槁木的疯女人。1946年,随着日本人的投降,撇下了一大群的皇亲国戚,溥仪这个傀儡皇帝也仓惶出逃了。在随解放军转移到吉林延吉的监狱后,孤苦伶仃和毒瘾极重的婉容在精神和身体的折磨下,终于香魂一缕随风散,化为一抔黄土,结束了她曾令人羡、令人怨、令人怜、令人叹的一生,终年仅仅40岁。婉容的尸体被监狱工作人员埋葬在延吉南山脚下,没有留下任何的土堆和墓碑。

婉容的一生是悲剧的一生,而这个悲剧又是无法避免的,是万恶的封建王朝和日本侵略者将她一步步推向了凄苦悲凉的深渊,她是历史的牺牲品。

文臣武将篇

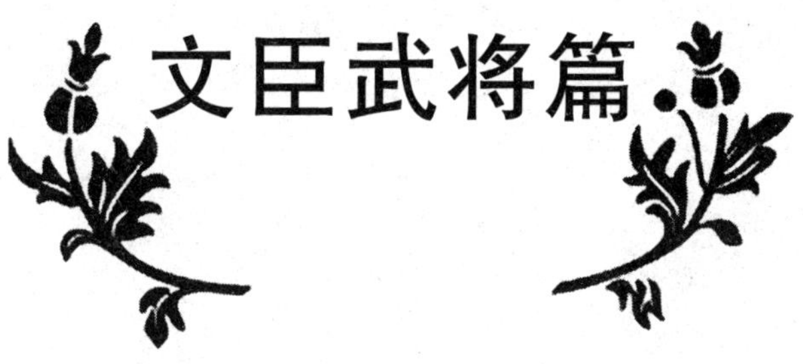

年羹尧有哪些重大功绩？

年羹尧，字亮工，号双峰，原籍安徽怀远，后改隶汉军镶黄旗。年羹尧的父亲年遐龄官至工部侍郎、湖北巡抚，其兄长年希尧亦曾任工部侍郎。他的妹妹是胤禛的侧福晋，雍正即位后封为贵妃。年羹尧的妻子是宗室辅国公苏燕的女儿。

虽然年羹尧后来征战沙场，以武功著称，但他却自幼读书，才学颇佳。康熙三十九年（公元1700年），年羹尧中进士，不久授职翰林院检讨。翰林院一向有“玉堂清望之地”之称，庶吉士和院中诸官一般都由汉族士子中的佼佼者充任，年羹尧可以跻身其中，足以证明其才学与能力。康熙四十八年（公元1709年），年羹尧迁为内阁学士，不久升任四川巡抚，成为封疆大吏。根据清人萧奭（shì）所著的《永宪录》记载，此时的年羹尧还不到30岁。对于康熙帝对自己的赏识与破格提拔，年羹尧颇为感激，在奏折中表示自己“以一介庸愚，三世受恩”，一定要“竭力图报”。到任以后，年羹尧以最快的速度熟悉了四川全省的大概情形，提出了很多兴利除弊的措施。而他自己也身先士卒、以身作则，拒收节礼，“甘心淡泊，以绝徇庇”，以回报康熙帝对自己的知遇之恩。

后来，准噶尔部首领策妄阿拉布坦大举入侵西藏，年羹尧为保障清军的后勤供给，再次显示出其卓越的才干。康熙五十七年（公元1718年），年羹尧升任四川总督，兼管巡抚事，统领

军政和民事。康熙六十年(公元1721年),年羹尧进京入觐,康熙御赐其弓箭,并升他为川陕总督,成为西陲的重臣要员。当年九月,青海郭罗克发生地方叛乱。在正面进攻的同时,年羹尧又利用当地部落土司之间的矛盾,辅之以“以番攻番”的策略,迅速平定了这场叛乱。

雍正即位以后,年羹尧更是备受器重,和隆科多并称为雍正的左膀右臂。隆科多是胤禛的亲娘舅,在胤禛继位之前已为他效力多年,二人的亲密程度自然不言而喻。雍正元年(公元1723年)五月,雍正发出上谕:“若有调遣军兵、动用粮饷之处,著边防办饷大臣及川陕、云南督抚提镇等,俱照年羹尧办理。”这样,年羹尧就总揽了西部一切事务,实际上成为雍正在西陲前线的亲信代理人,权势和地位远远在抚远大将军延信和其他总督之上。雍正还曾经告诫云、贵、川的地方官员要听命于年羹尧。同年十月,青海发生罗卜藏丹津叛乱。青海局势顿时陷入混乱,西陲再起战火。雍正命令年羹尧接任抚远大将军,驻西宁坐镇指挥平叛。

到了雍正二年(公元1724年)初,平叛战争接近尾声,年羹尧下令诸兵将“分道深入,捣其巢穴”。于是各路兵马顶风冒雪、昼夜兼程,以迅雷不及掩耳之势横扫敌军残部。在这样突如其来的猛攻面前,叛军迅速土崩瓦解。罗卜藏丹津率领残兵败将200余人仓惶逃窜,清军追击到乌兰伯克地界,俘获罗卜藏丹津的母亲和另一个叛军头目吹拉克诺木齐。罗卜藏丹

津本人由于化装成妇人而得以逃脱，投奔策妄阿拉布坦。此次战役历时短短15天(从二月八日至二十二日)，清军在年羹尧的统帅和指挥下即告大获全胜。年羹尧"年大将军"的威名也从此威震西陲，享誉朝野。

平定青海战事的成功，着实令雍正帝喜出望外，于是雍正帝给予年羹尧破格恩赏：在此之前，年羹尧因为平定西藏和平定郭罗克之乱的军功，已先后受封三等公和二等公。此次又因筹划周详、出奇制胜而获得平定青海的胜利，遂晋升为一等公。此外，再赏给一子爵，由其子年斌承袭；其父年遐龄则被封为一等公，外加太傅之衔。此时的年羹尧威震西北，而且又参与云南政务，因此成为雍正帝在外省的主要心腹大臣。

鳌拜有哪些功过？

鳌拜，清代著名权臣，满洲镶黄旗人，康熙帝早年的辅政大臣之一。由于战功封公爵。鳌拜前半生军功显赫，号称"满洲第一勇士"，后半生则操握权柄、结党营私。后被康熙帝生擒，老死于囚牢之中。

鳌拜的伯父费英东早年曾跟随努尔哈赤起兵，是大清的开国元勋之一，二哥卓布泰是清初战功卓著的战将。鳌拜本人也曾随皇太极南征北战，战功赫赫，不仅是一名骁勇善战的大将，而且也是皇太极的心腹。

清崇德二年(公元1637年)，鳌拜被封先锋，率军进攻皮

岛。此后鳌拜屡败明军。公元 1644 年，清军入关，鳌拜率军平定燕京，征战湖广，驰骋疆场，冲锋陷阵，为大清王朝的统一事业立下了很多汗马功劳。公元 1646 年，鳌拜出征四川张献忠的大西军，在南充大破大西军军营，并斩杀了张献忠，因此以首功被顺治皇帝超升为二等公，授议政大臣、领侍卫内在（皇帝禁卫军司令）等职。自此，鳌拜开始参议清廷大政。

公元 1661 年，顺治帝驾崩，8 岁的爱新觉罗·玄烨即位，是为康熙帝。按照顺治帝遗诏，由索尼、遏必隆、苏克萨哈、鳌拜四大臣辅政。当时鳌拜在四个辅政大臣中地位最低，但由于索尼年老多病，遏必隆生性庸懦，苏克萨哈因曾是摄政王多尔衮的旧属，为其他辅政大臣所不容，因此鳌拜得以擅权。

鳌拜结党营私，日益骄横跋扈，后来竟然发展到不顾康熙的旨意，先后杀死户部尚书苏纳海、直隶总督朱昌祚、巡抚王登临及辅政大臣苏克萨哈等政敌，从而使康熙大为震怒。最后，康熙帝设计由一群少年在宫内练习“布库”（即摔跤，满族的一种角力游戏），鳌拜以为是小孩子的游戏，因而没有在意。康熙八年（公元 1669 年）五月，这群少年将鳌拜擒获。康熙帝宣布了鳌拜三十条罪状，并廷议当斩，不过康熙念鳌拜是三朝元老，为朝廷效力多年，于是免去了他的死刑，仅仅革去其官职，籍没（登记并没收）其家产，并将他拘禁于大牢，其党羽或被斩杀或被革职。不久，鳌拜便死于禁所。

赫舍里·索尼对大清朝有哪些贡献?

赫舍里·索尼,赫舍里·硕色之子;满洲正黄旗人,著名清朝辅政大臣,一等公爵。

清太祖努尔哈赤在位的时候,因为赫舍里·索尼父子及赫舍里·硕色兄弟精通国书(满语)及蒙、汉文字,特命赫舍里·硕色和赫舍里·希福一起在文馆做官,赐号“巴克什”。授予赫舍里·索尼一等侍卫之衔。

金天聪元年(公元1627年),赫舍里·索尼跟随清太宗爱新觉罗·皇太极攻锦州,侦敌宁远,并立下战功。

清太宗爱新觉罗·皇太极驾崩后,睿亲王爱新觉罗·多尔衮在三官庙召见赫舍里·索尼商谈册立之事。当时赫舍里·索尼说:“先帝(指清太宗爱新觉罗·皇太极)有皇子在,一定要立其中之一。先帝也地下安心了。”经过一番争议,最后决定由6岁的皇九子爱新觉罗·福临即位,即清世祖顺治皇帝。

清顺治五年(公元1648年)清明时节,睿亲王爱新觉罗·多尔衮(摄政王)派遣赫舍里·索尼祭奠昭陵,贝子屯齐揭发赫舍里·索尼与图赖等人密谋立肃亲王豪格为帝,罪应处死,最后减轻处罚,根据清史稿记载:“夺官,籍其家,即安置昭陵。”

清顺治八年(公元1651年),清世祖爱新觉罗·福临亲政,下诏命赫舍里·索尼回京,官复原职。累进一等伯世袭,擢升

为内大臣，兼议政大臣、总管内务府。

清顺治十八年（公元1661年），清世祖驾崩，遗诏命赫舍里·索尼及苏克萨哈、遏必隆、鳌拜四人共同辅政。

赫舍里·索尼闻命，跪告诸王贝勒，请求共任国政，而诸王贝勒都说："大行皇帝（清世祖爱新觉罗·福临）非常了解你们四位大臣，所以委托给你们国家重务，谁敢干预？"于是，赫舍里·索尼等大臣带着小皇帝爱新觉罗·玄烨（即康熙帝）在大行皇帝灵柩前宣誓。根据清史稿记载，他们宣誓说："先皇帝不以索尼、苏克萨哈、遏必隆、鳌拜等为庸劣，遗诏寄托，保翊冲主。索尼等誓协忠诚，共生死，辅佐政务。不私亲戚，不计怨仇，不听旁人及兄弟子侄教唆之言，不求无义之富贵，不私往来诸王贝勒等府受其馈遗，不结党羽，不受贿赂，惟以忠心仰报先皇帝大恩。若各为身谋，有违斯誓，上天殛罚，夺算凶诛。"

清康熙六年（公元1667年）农历3月，赫舍里·索尼和苏克萨哈、遏必隆、鳌拜共同奏请康熙大帝亲政。康熙大帝当时没有立刻答应下来，而是下诏褒奖索尼忠心，并加授一等公，和以前授的一等伯一起世袭，赫舍里·索尼却推辞拒绝了。

清康熙六年（公元1667年）农历6月，赫舍里·索尼逝世，谥号"文忠"。

吴三桂有哪些重大作为？

吴三桂，字长伯，明末清初辽东人，祖籍江苏高邮，武举出身，锦州总兵吴襄之子，由于战功及父荫被授予都指挥之职。崇祯年间吴三桂为辽东总兵，封平西伯，镇守山海关。公元1644年，吴三桂降清，并引清军入关，被清廷封为平西王。公元1673年，吴三桂起兵叛乱，发起三藩之乱，并于公元1678年病死。

吴三桂自幼习文练武，善骑射，成名于18岁。当时他的父亲吴襄带领五百名士兵出锦州城巡逻，被皇太极的数万大军重重包围。祖大寿和吴三桂登上城楼观战，祖大寿以城内兵少为由，不肯出兵相救，于是吴三桂自己率领二十多名家丁将父亲从皇太极数万大军中救出重围。皇太极赞叹说："吾家若得此人，何忧天下？"从此，吴三桂的孝勇之举闻名天下，有"勇冠三军、孝闻九边"的美誉。

崇祯四年（公元1631年）八月，皇太极发动"大凌河之役"，吴襄在赴援时逃亡，从而导致明军全军覆灭，祖大寿弃城逃奔锦州。后来明廷将吴襄逮捕下狱，并擢升吴三桂为总兵。历史记载吴三桂部"胆勇倍奋，士气益鼓"，是明末最后一支富有战斗力的铁骑部队。崇祯十七年（公元1644年）三月初，李自成攻破大同、真定，"京师为之震动"，初四日，崇祯帝决定放弃关外，任命吴三桂为平西伯，命他入卫京师。

吴三桂奉旨入卫京师，于三月十六日抵达山海关，一路上"迁延不急行，简阅步骑"。等到三月二十日抵达河北丰润时，李自成的军队已攻破北京，崇祯帝自缢景山（煤山）。于是吴

三桂引兵退保山海关。李自成曾多次招降吴三桂，吴三桂犹豫再三，也曾一度有过投降李自成的念头。但据野史记载，吴三桂因为后来听说其爱妾陈圆圆被李自成掳劫（吴梅村有诗证："恸哭三军俱缟素，冲冠一怒为红颜"），因此吴三桂放弃了投降李自成的打算，并开始有与清军合作的念头。

而身在北京的李自成，因为害怕清兵入关，决定"灭吴保关"。四月十三日，李自成发兵二十余万，奔赴山海关攻讨吴三桂。四月二十二日，吴三桂初战失败，只好求救于多尔衮，并引清兵入关。吴三桂联合清军击溃了李自成的大军。清军入关后，迅速攻占北京，多尔衮把年幼的清世祖以及朝廷迁至北京，并宣布清廷由盛京迁都北京。

自此之后，吴三桂遂成为清军先驱。他先后为清廷镇压了陕西、四川等地的动乱。之后又会同多铎等人进攻南明云贵等地，南明最后一位皇帝永历帝桂王逃往缅甸，吴三桂带兵追入缅甸，逼迫缅甸王莽白交出了南明皇帝，并带回昆明处死。其后，吴三桂因功被清朝封为平西王，管理云南贵州地区，并逐渐形成雄霸一方的割据势力。

顺治十七年，朝廷以赋税不足为由，下令吴三桂裁减兵员。吴三桂将绿营及投诚兵从六万人减到二万四千人，去弱存强，留下的全是精兵强将。康熙十二年（公元1673年），康熙帝实行撤藩政策，于是吴三桂联合平南王世子尚之信、靖南王耿精忠及广西将军孙延龄、陕西提督王辅臣等以反清复明为口

号，起兵叛清，并自称周王、天下招讨大元帅，历史上称此次事件为三藩之乱。康熙十七年（公元1678年），吴三桂在湖南衡阳称帝，建国号为周，建元昭武。同年，吴三桂在长沙病逝，庙号太祖，谥号高皇帝。其后，吴三桂的孙子吴世璠继位，退据云南。康熙二十年（公元1681年），昆明被清兵围困，吴世璠兵败自杀。

范文程为什么能始终稳居“大清第一文臣”之位？

范文程是清初一代重臣、文臣之首、汉官中最突出的代表人。那么，在“满官”、“汉官”矛盾尖锐的满清朝廷，范文程为什么能历经四朝，在皇权更迭的血雨腥风中，始终稳居“大清第一文臣”之位呢？

范文程，字宪斗，号辉，出身于名门仕宦家庭。范文程是宋朝大学士范仲淹的第十七世孙。范文程的六世祖名叫范岳，明朝初年在湖北云梦县任县丞。因为范岳在洪武年间获罪，因此范家从江西的乐平县被谪往当时的边陲重镇辽东都司的沈阳卫，范氏自此成为沈阳人。范文程的曾祖父名叫范锪，是明正德十二年的进士，在朝廷官至兵部尚书，但由于其为人刚直不阿，因而受到当权大臣严嵩的排挤，只好弃官回乡。

范文程出生于辽东沈阳卫（今沈阳市），是清朝著名的开国宰辅、文臣领袖，并且被列为中国历史上“十大谋士”之一。

天命三年(公元1618年),努尔哈赤攻陷抚顺,范文程"仗剑谒军门",参加后金政权。清太宗时期,范文程是主要谋士之一,深受清太宗皇太极的倚重,凡是涉及社稷安危的大计,如进攻明朝、进攻朝鲜、抚定蒙古、国家制度建设等等,范文程无不参与其中,对清朝的建立和巩固起到了非常重要的作用。

范文程自幼好读书,不仅头脑聪颖、才思敏捷,而且性情沉稳刚毅。投奔努尔哈赤以后,范文程对清廷一直忠心耿耿,绝无二心,无论换了哪个皇帝,他都有自知之明,因此,在他经历的整个清初的三朝四代历史上,范文程留下了丰功伟绩。

范文程是皇太极的最重要谋臣,因此难免招致摄政王多尔衮的诸多猜忌。顺治五年,摄政王多尔衮命令范文程等人删改《太祖实录》,范文程知道此事关系重大,一旦政局有所变动,就可能招致杀头之祸,于是他以养病为由,闭门不出。

范文程知道自己一生所进的奏章,大多都关系到重大的决策问题,尤其是皇太极当政时期,很多重要的奏章都是出自范文程之手。范文程把自己撰写的所有文件的草稿统统焚毁了。在范文程看来,这些东西都是非常危险的。纵观历史,历代伟人之作多是出自属下之手,但凡渲染此等事者,往往都没有好下场。范文程深谙此道,他之所以这么做,就是为了避免"功高震主",以求"安身避祸"。

顺治十一年八月,顺治帝特加封范文程为少保兼太子太保。由此可以看出,顺治帝对范文程是相当敬重的。但此时,

范文程却要急流勇退了。他在上疏称谢的同时，以体弱多病为由请求“退休”。顺治帝婉言慰勉，同意他“暂令解任”。然而，范文程去意已定。伴君如伴虎的道理以及官场政治的凶险，范文程是了然于胸的。

“退休”之后，范文程只是与亲朋好友种种花草、树木，写写诗词、歌赋，教教学生，再也没有过问政事。

康熙五年（公元1666年）八月，一代谋臣范文程病逝，终年70岁。康熙帝亲撰祭文，并赐葬于怀柔县的红螺山，立碑以纪其功绩。几十年之后，康熙又亲笔书写了“元辅高风”四个字，做为祠堂横额。

范文程一生历经大清三朝四世，功绩堪比西汉之张良、大明朝之刘基。范文程面对各种复杂的形势，做到了识大体、顾大局，言所当言，为所当为，而且最后和张良一样，功成身退。因此，在明争暗斗、血雨腥风的清初政局中，范文程能始终稳坐“大清第一文臣”的位置。

多尔衮为大清王朝的创立做出了怎样的贡献？

多尔衮，爱新觉罗氏，努尔哈赤的第十四子，皇太极的弟弟，其母是努尔哈赤的大妃阿巴亥。公元1626年，多尔衮被封为贝勒，后因战功封为“和硕睿亲王”。多尔衮为摄政王时期，清军入关，入主中原，因此他对清朝开始在中国近三百年的统治起了决定性的作用。

天聪二年(公元1628年),多尔衮出征察哈尔多罗特部,初建战功,被赐予“墨尔根代青”(满语,聪明之意)的称号。此后,多尔衮多次奉命进入明境内山西、河北、山东等地劫物掠人,而且先后率军征战察哈尔、朝鲜,攻大凌河、锦州、松山等地,因此多尔衮为清太宗皇太极所器重,逐渐跃居于后金军主要统帅之列。天聪五年,多尔衮执掌吏部,崇德元年(公元1636年),被封为“和硕睿亲王”。

崇德八年,皇太极突然病故,由于储嗣未定,清朝皇族内部面临王位之争。多尔衮以镶白、正白两旗势力拥立皇太极年仅6岁的第九子福临为帝,即清世祖顺治帝,并由多尔衮与济尔哈朗共同辅政。不久之后,多尔衮集大权于一身,其地位和权力远远超过济尔哈朗。

顺治元年(公元1644年)三月,李自成攻破北京,推翻了大明王朝。清朝统治者抓住有利时机,立即向关内进军。四月,多尔衮与明山海关总兵吴三桂互相勾结,共同镇压李自成的农民军。山海关一战,李自成兵败,不得不退出北京,率部西走。五月,多尔衮率军入京。十月,多尔衮迎福临即位北京,正式宣布清朝对全国实行统治。由于多尔衮位崇功高,是年被加封为叔父摄政王,后又被尊为皇父摄政王。多尔衮以皇帝之尊亲代行皇帝职权,成为清朝初期的实际统治者。

多尔衮摄政时期,以入关前已经建立的政治制度为基础,同时仿照明制,建立了一套新的政治体制,用以加强封建专制

政权。多尔衮在维护“权归满人”的同时，对汉族地主阶级、故明官员采取了“官仍其职，民复其业，录其贤能，恤其无告”的政策，命令原明朝各衙门官员，全部照旧录用。顺治五年，多尔衮又设六部汉尚书、都察院汉左都御史各一员。为了充分发挥汉族官员在政权中的作用，多尔衮下令禁止满洲诸王干预各衙门政事及指摘内外汉官。为广泛招徕汉族地主阶级，多尔衮除了礼葬明崇祯皇帝之外，还开科取士，网罗人才。

为了进一步加强中央集权，多尔衮采取措施限制由满族贵族、大臣组成的“议政王大臣会议”的权力，集各项大权于摄政王一人之手。

清军入关以后，李自成率军退回陕西，张献忠驻军四川。明朝旧臣史可法、马士英等人在南京拥立福王朱由崧为帝，组成南明小朝廷。多尔衮先派重兵追击李自成，又命豪格率军入四川进攻张献忠。顺治二年，多尔衮派兵下江南，渡长江，进而攻破南京，福王政权灭亡。顺治三年，清军攻入浙江，六月攻破绍兴，南明鲁王朱以海出海逃亡；八月，清军攻入福建，先后攻破延平、汀州，南明唐王被执。随后清军相继攻占湖南、江西、浙江、福建、广东、广西等省。多尔衮摄政七年期间，除西南云贵等地尚有南明桂王政权及农民军的余部，海上有郑成功的抗清活动之外，清军已基本控制了全国的大半个区域，从而为清朝建立全国政权打下了坚实的基础。

为了维护满族贵族利益，多尔衮摄政期间也采取了一些

不当的统治政策，从而激化了民族矛盾和阶级矛盾，其中尤以剃发令、圈地令、逃人法、易服、投充等为最甚，在一些地区内造成了社会的严重动荡。

顺治七年冬，多尔衮出猎塞外，十二月初九死于喀喇城（今河北滦平东），时年39岁，被追尊为“诚敬义皇帝”。顺治亲政之后，多尔衮被首告“阴谋篡逆”，顺治遂削其爵位，毁其墓葬，籍没其家产。乾隆四十三年（公元1778年），乾隆帝为多尔衮昭雪，重新恢复了多尔衮的封号。

为什么说和珅是中国历史上“第一大贪官”？

和珅，字致斋，原名善保，钮祜禄氏，满洲正红旗人。和珅生于乾隆十五年，父亲名常保，曾任福建副都统。和珅的祖上是今辽宁清原县人，清初随清帝入关，住在北京西直门内驴肉胡同。

和珅出生在一个并不富裕的武官家庭，但他与弟弟和琳从小都受到良好的教育，十来岁时就被选入咸安宫官学，接受儒学经典和满、汉、蒙古文字教育。和珅天资聪颖，勤奋刻苦，成绩优异，因此颇得老师吴省兰等人的器重。

乾隆三十四年，20岁的和珅继承祖上三等轻车都尉的爵位。次年，和珅参加了顺天府科举乡试，但没有考中举人。不过，没有功名的和珅，后来却因颇有才学主管了很多文化、教育事业。

乾隆三十七年十一月,23 岁的和坤被任命为三等侍卫(正五品),成为他人生的一个重要转折点。乾隆四十年闰十月,26 岁的和珅被提升为乾清门侍卫,十一月又升为御前侍卫,并授正蓝旗副都统。四十一年正月,和珅被授予授户部左侍郎,三月授军机大臣,四月,授总管内务府大臣。短短半年的时间,和珅从一名普通的侍卫,升入大清王朝权力的最高层,成为乾隆皇帝的亲信宠臣。

和珅并非像后人说的那样不学无术。相反,他是很有才干的。据《和珅列传》记载,和珅的记忆力惊人、头脑聪明、做事果断、办事利索、多才多艺。乾隆在《平定廓尔喀十五功臣图赞》中特别提到和珅精通满、汉、蒙古、西藏四种文字。

和珅在官场平步青云,官至宰辅,并控制朝政长达二十余年。在任职期间,和珅擅权纳贿,贪赃枉法,结党营私,网罗亲信,排除异己,祸国殃民。而这种种罪行,均发生于乾隆时期,可见乾隆帝对和珅的宠信程度。嘉庆四年(公元 1799 年)正月初三,乾隆帝寿终正寝。给事中王念孙首先上疏嘉庆,揭发和珅的种种罪行。嘉庆传旨将和珅逮捕治罪。王公大臣经过会审,查明和珅的罪行属实之后,嘉庆帝下诏宣布了和珅二十二条罪状。

朝中大部分大臣早就对和珅的专权跋扈不满和痛恨,此时见嘉庆帝宣布了他的二十二大罪状,均说应当将其斩首。嘉庆说:“念和珅尝任首辅,不忍令肆市,着即赐自尽。”于是和

珅在正月十八日的黄昏，在狱中悬梁自尽。

当诸臣看到查抄和珅家的清单时，无不吃惊。清单上列着：房屋二千余间，田地八千余顷。银号十处，本银六十万两。当铺十处，本银八十万两。金库内赤金五万八千两。银库内银元宝、京锞、苏锞八百九十五万五千多个。珠宝库、绸缎库、人参库都装得满满的……有人曾经计算过，乾隆时期，清廷一年的收入是七千万两，和珅为相二十年，他的这部分家产，有八亿两之多，比清廷十年收入的总和还要多。难怪当时在民间流传着这样一句话："和珅跌倒，嘉庆吃饱。"

福康安有哪些重要功绩？

福康安，字瑶林，富察氏，清满洲镶黄旗人。历任云贵、四川、闽浙、两广（广西、广东）总督。

公元1791年，福康安任大将军，率军入西藏，驱逐廓尔喀侵略军。乾隆后期，福康安帅军平定了台湾林爽文起义，因此被封为贝子。后来，福康安又督师平定了湘黔苗民起义。公元1796年，福康安病逝于军中。福康安一生备受乾隆帝殊宠，民间有传闻说他是乾隆帝的私生子。

乾隆三十七年，清兵再次进攻大小金川；乾隆四十九年，甘肃伊斯兰教徒起义；乾隆五十二年，台湾林爽文起义；乾隆五十六年，尼泊尔廓尔喀族入侵西藏，这四次战争福康安都亲自参加，并且成功指挥了后两次战争，使得清军大获全胜，乾隆帝甚至要封福康安为王，不过由于考虑到富察氏一门太盛，就没有落实。但是，乾隆帝将三个六品官缺赏给福康安，让他从家人中挑选任职。更值得一提的是，在对尼泊尔王公的战争中，福康安曾经亲自率军打到加德满都，是我国反侵略战争中一次非常漂亮的战役，也是一次使国人扬眉吐气的战役，因此，福康安也应当被归入民族英雄之列。

乾隆六十年，福康安率兵镇压苗民起义，初战告捷，被乾隆帝破格封为贝子。然而就在成功指日可待之际，由于长途跋涉和紧张作战，福康安病倒了，但是他仍然继续督战。嘉庆元年五月，福康安病逝于军中。

纪昀为什么被称为“文达公”？

纪昀，字晓岚，一字春帆，晚号石云，道号观弈道人，清代著名文学家，生于清雍正二年（公元 1724 年）六月，卒于嘉庆十年（公元 1805 年）二月，历经雍正、乾隆、嘉庆三朝，享年 82 岁。由于纪昀“敏而好学可为文，授之以政无不达”（嘉庆帝御赐碑文），故卒后谥号为“文达”，所以世人也称其为“文达公”。

自纪昀上推七世，纪家都是读书人。纪昀的高祖纪坤，庠生（明清科举制度中府、州、县学生员的别称，庠生也就是秀才之意），屡试不第，著有诗集《花王阁剩稿》。纪昀的曾祖父纪钰，17 岁补博士弟子员，后入太学，才学曾受到皇帝褒奖。

纪昀的祖父纪天申，监生（明清两代指在国子监读书或取得进国子监读书资格的人），做过县丞。纪昀的父亲纪容舒，康熙五十二年（公元1713年）恩科举人，历任户部、刑部属官，著有《唐韵考》、《杜律疏》、《玉台新咏考异》等书。至纪容舒，纪氏家道衰而复兴，更加重视读书，遗训尚有"贫莫断书香"一语。纪昀是纪容舒的次子，他就是出生于这样一个世代书香的门第。

纪昀自幼聪慧，喜好读书。4岁开始启蒙读书，11岁跟随父亲入京，读书于生云精舍。21岁中秀才，24岁应顺天府乡试，为解元。后来因为母亲去世，纪昀在家服丧，闭门读书。纪昀不仅才华横溢，才思敏捷，勤奋好学，博古通今，而且襟怀旷达，机智诙谐，常常出语惊人，妙趣横生，因而名闻当世，并流传至今。

纪昀任官50余载，以学问文章名闻朝野，他曾先后参与过《热河志》、《历代职官表》、《河源纪略》、《八旗通志》等书的编写。乾隆年间辑修《四库全书》，纪昀任总纂官，主持写定《四库全书总目提要》200卷，成为清代目录学巨著。除此之外，他还主持纂修过《大清会典》、《清三通》、《清高宗实录》等书。另外，纪昀的著述还有《沈氏四声考》、《史通削繁》、《阅微草堂笔记》等。纪昀的诗文，经后人搜集整理，编为《纪文达公遗集》，诗文各16卷。

刘墉有哪些重要作为？

刘墉，字崇如，号石庵，另有青原、香岩、东武、穆庵、溟华、日观峰道人等字号。刘墉是清朝著名书画家、政治家，诸城县逄戈庄(今属山东省高密市)人。嘉庆九年十二月二十五日，刘墉卒于北京，谥号“文清”。

相传刘墉是个驼背，因此人们戏称他为“刘罗锅”。

清乾隆十六年(公元1751年)，刘墉中进士，一年后被授予编修之职，从此进入仕途，后升迁为侍讲(官名)。乾隆二十年(公元1755年)十月，刘墉的父亲刘统勋(时任陕甘总督)因为办理军务失宜，被判入狱，刘墉也因此受株连，降为编修。次年六月，刘墉充任广西乡试正考官。十月，被提升为安徽学政。任职期间，刘墉针对当时贡生、监生管理的混乱状况，上疏“请州县约束贡监，责令察优劣”，并提出了一些切实可行的补救办法，获得批准。

乾隆二十四年(公元1759年)十月，刘墉调任江苏学政。在任职期间，刘墉再次上疏:“生监中滋事妄为者，府州县官多所瞻顾，不加创艾。(行政官员)既畏刁民，又畏生监，兼畏胥役，以致遇事迟疑，皂白不分，科罪之后，应责革者，并不责革，实属阘茸怠玩，讼棍蠹吏，因得互售其奸。”由于刘墉的看法深刻而又切中时弊，因此颇得乾隆皇帝的赏识，称赞他“知政体”，并于乾隆二十七年(公元1762年)任命他为山西省太

原府知府。

乾隆三十年(公元1765年),刘墉升任冀宁道台。次年,在任职太原知府期间,阳曲县令段成功贪侵大量国库银两,刘墉遂以失职罪被判处死刑。乾隆帝因为爱其才,特对他从轻发落,发军台(清代西北两路传达军报及官文书的机构,即邮驿)效力赎罪。次年,刘墉获赦回京。乾隆三十四年(公元1769年),刘墉被授予江宁府知府。第二年,升任江西盐驿道。乾隆三十七年(公元1772年),刘墉被擢升为陕西按察使。次年,父亲刘统勋病故,刘墉遂回乡服丧。

乾隆四十一年(公元1776年)三月,刘墉服丧期满,返回京城,乾隆帝念刘统勋有多年功绩,而且觉得刘墉学识才能颇佳,于是下诏授其内阁学士。同年十月,刘墉任《四库全书》馆副总裁。次年七月,刘墉充任江南乡试正考官,不久,复任江苏学政。在任职期间,刘墉曾劾举秦州举人徐述夔著作悖逆,要求按律严惩。乾隆四十三年年底,刘墉因劾举徐述夔著作悖逆事有功和督学政绩显著,升迁为户部右侍郎,后又调任吏部右侍郎。

乾隆四十五年(公元1780年),刘墉任湖南巡抚。当时正逢湖南多处受灾,哀鸿遍野,没有受灾的州县也盗贼四起,贪官污吏横行猖獗,百姓怨声载道。刘墉到任以后,一方面查明情由,据实弹劾贪官污吏,严惩不贷;另一方面稽查库存,修筑城郭,建仓储粮,赈济灾民。刘墉到任后仅仅一年的时间,便使得湖南库银充实，民粮丰足，因而赢得了百姓的爱戴。

乾隆四十六年（公元1781年），刘墉出任都察院左都御史。不久，又充任三通馆总裁。此时，御史钱沣弹劾山东巡抚国泰结党营私。刘墉奉旨协同和珅办理山东巡抚舞弊一案。刘墉到山东以后，假扮成道人，以化斋为名，明察暗访。经过一系列调查，查明山东连续三年受灾，而国泰邀功请赏，以荒报丰；征税之时，国泰对无力缴纳者，一律拿办；并且国泰还残杀了进省为民请命的进士、举人9人。刘墉如实上报朝廷，并奉旨开仓赈济山东百姓，捉拿国泰赴京治罪。此时皇妃为国泰说情，有的御史也从旁附和，和珅也有意袒护国泰。但刘墉据理力争，最终使国泰伏法。在处理国泰的案件上，刘墉不畏权要，刚正无私，挫败了皇妃及和珅等权贵的阻挠，成功执行了大清律法，为百姓除了一大害。后来，民间曾根据此事写成了通俗小说《刘公案》，以褒扬这位"再世包公"。

嘉庆四年（公元1799年），刘墉奉旨查办文华殿大学士和珅结党营私、擅权纳贿一案。刘墉不畏权势，很快查明和珅及其党羽横征暴敛、搜刮民脂、贪污自肥等罪行20条，并如实报奏朝廷。于是嘉庆帝处死了和珅，没收了他的家产。

刘墉不仅是有名的政治家，更是著名的书法家，是帖学之集大成者，也是清代四大书家之一（其他三人为成亲王、翁方纲、铁保）。清徐珂在《清稗类钞》中称赞刘墉说："文清书法，论者譬之以黄钟大吕之音，清庙明堂之器，推为一代书家之

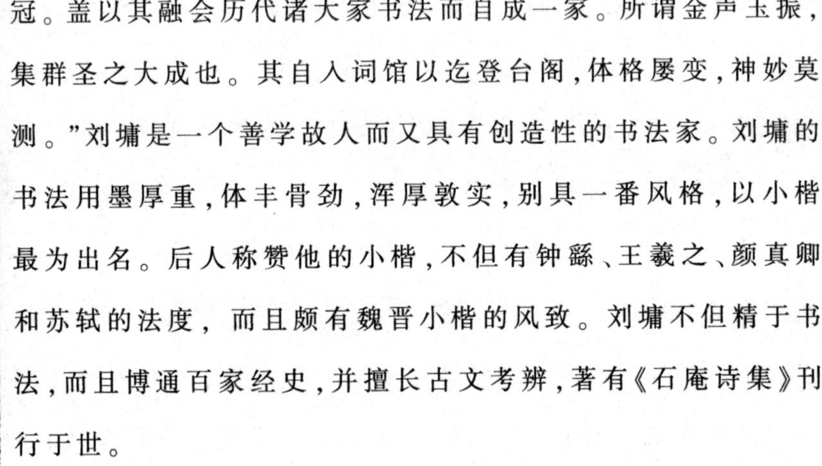

冠。盖以其融会历代诸大家书法而自成一家。所谓金声玉振，集群圣之大成也。其自入词馆以迄登台阁，体格屡变，神妙莫测。"刘墉是一个善学故人而又具有创造性的书法家。刘墉的书法用墨厚重，体丰骨劲，浑厚敦实，别具一番风格，以小楷最为出名。后人称赞他的小楷，不但有钟繇、王羲之、颜真卿和苏轼的法度，而且颇有魏晋小楷的风致。刘墉不但精于书法，而且博通百家经史，并擅长古文考辨，著有《石庵诗集》刊行于世。

嘉庆七年（公元1802年），嘉庆帝驾幸热河，命刘墉留守京师，主持朝政。此时的刘墉，已经八十有余，依然矫健如故，耳聪目明。

嘉庆九年（公元1804年）十二月，刘墉卒于任上，享年85岁，卒后赠太子太保，谥号"文清"。

为什么说林则徐是一个深受百姓爱戴的好官？

林则徐，生于乾隆五十年（公元1785年）8月30日，卒于道光三十年（公元1850年）11月22日，福建侯官人（今福建省福州），字元抚，又字少穆、石麟，晚号俟村老人、俟村退叟、七十二峰退叟、瓶泉居士、栎社散人等。林则徐是清朝后期著名的政治家、思想家和诗人，也是中华民族抵御外辱过程中伟大的民族英雄，其最主要的功绩就是虎门销烟。林则徐官至一品，曾任江苏巡抚、两广总督、湖广总督、陕甘总督和云贵总

督等职，并两次受命为钦差大臣。因为林则徐力主严禁鸦片、抵抗西方列强的侵略、坚决维护中国国家主权和民族利益，因而深受中国人民的敬仰和爱戴，并被史学界称为近代中国“开眼看世界的第一人”。

嘉庆三年（公元1798年），林则徐得中秀才，就读于鳌峰书院。嘉庆九年（公元1804年），林则徐中举，出任厦门海防同知书记，后来进入福建巡抚张师诚的幕府任职。

嘉庆十六年（公元1811年），林则徐会试中选，赐进士，选翰林院庶吉士（官名，亦称庶常，是明、清两代翰林院内的短期职位，由科举进士中有潜质者担任，目的是让他们先在翰林院内学习，之后再授各种官职），从此开始进入官场。嘉庆十九年（公元1814年），林则徐被授予编修（官名，明、清属翰林院）。此后，林则徐又先后出任过国史馆协修、撰文官、翻书房行走、清秘堂办事、江西乡试副考官、云南乡试正考官、江南道监察御史等职。在做京官这一时期，林则徐决心做一个为国为民、济世匡时的正直官吏。在京师为官的七年中，林则徐广泛搜集元、明以来几十位专家关于兴修畿辅水利的奏疏、著述，撰写了《北直水利书》。书中明确指出：“直隶水性宜稻，有水皆可成田”，“农为天下本务，稻又为农家之本务”。林则徐认为只有发展华北水利，提倡种稻，就地解决漕粮，才能合理而彻底地解决南粮北运及由此产生的漕运积弊等问题。嘉庆二十四年（公元1819年），林则徐在北京参加了一些士大夫

“雅歌投壶”的文艺团体“宣南诗社”，从而结识了龚自珍、魏源等人，在诗社里进行诗文酬唱活动。

嘉庆二十五年（公元1820年）七月，林则徐出任浙江杭嘉湖道。他积极甄拔人才，大力兴修海塘水利，颇有一番作为。然而，林则徐感到仕途上有诸多阻力难以应付，因而曾发出“支左还绌右”、“三叹作吏难”这样的慨叹，并于次年七月借口父病辞职回乡。林则徐为人民做过很多好事，但由于他性情过于急躁，难以自制，于是请人写了“制怒”两个大字，悬挂于堂中以警示自己。

道光二年（公元1822年）四月，林则徐受命复出，到浙江受任江南淮海道。林则徐颇受道光帝的宠信，因此很快跨入官场上青云直上的阶段。道光三年（公元1823年）正月，林则徐被提任为江苏按察使。在此期间，林则徐整顿吏治、清理积案，平反冤狱，并将鸦片毒害视为社会弊端加以严禁。江苏在这一年夏秋之际大雨成灾，松江饥民聚众告灾，随时有民变的可能。林则徐反对调兵镇压，亲自赶赴松江抚慰灾民，并采取了一系列救灾措施，缓和了阶级矛盾。

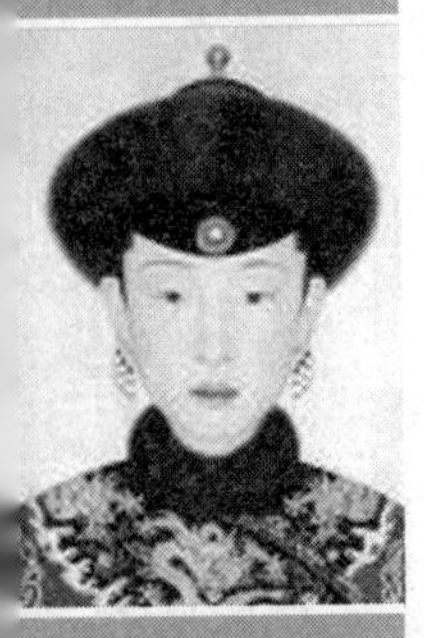

从道光七年（公元1827年）到道光十七年（公元1837年），林则徐又先后出任过陕西按察使、代理布政使、湖北布政使、河南布政使、江宁布政使、江苏巡抚、湖广总督等职。在任职期间，林则徐一心一意为国为民，他整顿财政，兴修水利，救灾办赈、提倡新的农耕技术、整饬吏治、严惩贪赃枉法，

为国家和人民做出了不可磨灭的贡献。

“要正人，先正已”、“身教重于言教”，林则徐非常注重严格要求自己，事事以身作则，处处为人表率。在出任湖北布政时，林则徐刚入湖北，便发出《传牌》，禁止沿途阿谀奉迎，借端勒索。在总督任内，林则徐仍保持“一切秉公办理”的作风。林则徐为官兢兢业业，廉洁奉公、正直无私，因此深受百姓拥护和爱戴。

关天培有哪些为人称道的事迹？

关天培，字仲因，号滋圃，江苏淮安府山阳县(今江苏淮安市楚州区)人，清末著名爱国名将。关天培虽是行伍出身，但却非常注意习文，他曾说过：“吾不能习词赋，封章启事，有用于时，此吾之学文也。”

嘉庆八年（公元1803年），23岁的关天培考取了武庠生，历任把总、千总、守备、游击、参将、副将等军职。道光六年(公元1826年)，关天培任太湖营水师副将，同年关天培督押海运漕米船从吴淞到天津，途中虽然遇到惊涛骇浪，却仍然安全抵达目的地，因此受到特别嘉奖。公元1827年，关天培被提升为江南苏松镇总兵。道光十三年(公元1833年)，关天培任江南提督，次年调任广东水师提督。自接任以后，关天培致力于加强广东沿海的防务，并且积极支持林则徐实行禁烟。其后，关天培全力改建虎门要塞威远、靖远的炮台，设法加添了火力强

大的“洋炮”200多门，用以抗击外国侵略势力的挑衅。

后来，英国军舰在珠江口穿鼻洋开炮攻击中国水师，关天培闻讯后，亲临火线指挥，带伤指挥水师反击，使得英国军舰受重创而逃走。道光二十年（公元1840）九月，林则徐被革职查办。广东很多地方官吏自林则徐走后大都改持与侵华英军“和谈”的态度，而关天培却不为所动，依然坚决主战。为此，他特意在大战前夕，派专人将自己的旧衣服送回故乡与家人作诀别，以示至死不渝之志。同年十二月初十，虎门要塞的沙角、大角炮台都被英军攻陷，守将陈连升等战死。关天培坐镇虎门，后来只剩下数百名将士跟随他坚守要塞。关天培曾数次向两广总督求援，但均没有取得有力的援助。关天培知道败局已定，难以挽回，于是下定决心，以死报国。道光二十一年（公元1841年）二月初六，英军对虎门要塞发起总攻，关天培亲临镇远炮台指挥，负伤十余处依然亲自开炮还击敌军。至傍晚时分，英军攻陷炮台，关天培持刀奋战，被英军砍伤左臂后被枪弹击中，口中仍然大呼杀敌。关天培在靖远炮台与英国侵略者孤军奋战，直至力竭战死。他的英烈事迹被广为传颂，被誉为深具民族气节的一代名将。

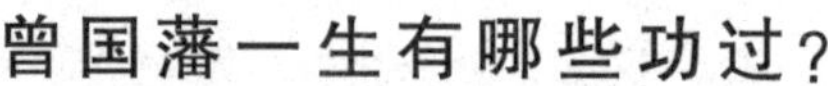

曾国藩一生有哪些功过？

曾国藩，初名子城，字伯涵，号涤生，谥文正，湖南省长沙府湘乡县人。曾国藩是晚清重臣，湘军的创立者和统帅者，是

清朝著名的军事家、理学家、政治家、书法家，文学家，晚清散文“湘乡派”的创立者。官至两江总督、直隶总督、武英殿大学士，封一等毅勇侯。

咸丰二年（公元1852年），曾国藩因母亲过世，守丧在家。此时太平天国起义已席卷半个中国，尽管清政府从全国各地调集了大量八旗、绿营兵镇压起义，但是这支腐朽的武装不堪一击。因此，清政府屡次颁发奖励团练的命令，力图利用各地的地主武装来遏制太平军势力的发展，这就为曾国藩创办湘军提供了一个绝好的机会。

咸丰三年（公元1853年），曾国藩借着清政府寻求力量镇压太平天国的时机，在其家乡湖南一带，依靠师徒、亲戚、好友等复杂的人际关系，建立起一支地方团练，称为湘军。公元1854年2月，曾国藩率领的湘军倾巢出动。曾国藩发表了《讨粤匪檄》，在檄文里，曾国藩攻击太平天国农民战争是“荼毒生灵”，接着号召“凡读书识字者，又乌可袖手安坐，不思一为之所也”，因此动员了当时很多的知识分子参加到对太平军的斗争当中，为日后的胜利打下了坚实的基础。

曾国藩残酷地镇压太平天国起义，用刑非常残酷，“重则立决，轻则毙之杖下，又轻则鞭之千百”。不仅曾国藩自己直接杀人，而且他的父亲和四弟也杀人，因此时人称呼他为“曾剃头”、“曾屠户”。据说，南京有小孩夜哭，小孩的妈妈便说：“曾剃头来了！”于是小孩就不哭了。由此可见，曾国藩几乎成

了屠杀生灵的刽子手。在与太平军的作战中，曾国藩利用劫掠财物、封官赏爵的方法来鼓舞士气，从而使湘军养成了凶悍残忍的本性。在军事素质落后的清朝武装力量中，湘军成为中国南方地区与太平天国军事力量作战的主力之一。因此，曾国藩被清廷封为一等毅勇侯，成为清代以文人而封武侯的第一人。

曾国藩一生著述颇丰，其中以《家书》流传最广，影响最大。光绪五年（公元1879年），传忠书局刻印了由李瀚章、李鸿章编校的《曾文正公家书》。

曾国藩非常善于运用人才，清朝的很多名臣，如左宗棠、李鸿章等，都与他有着密切的关系。左宗棠、李鸿章等皆称呼曾国藩为老师。

太平天国起义失败以后，太平军在江北的余部与捻军汇合。清政府命令曾国藩督办直隶、山东、河南三省军务。曾国藩带领湘军二万，淮军六万，配以洋枪洋炮，北上“剿捻”，他的方针是“重迎剿，不重尾追”，并提出“重点设防”等计划，企图将捻军阻击在运河、沙河地带，使捻军无路可逃，然后加以剿灭。然而出乎意料的是，捻军却突破了曾国藩的防线，进入了山东境界，从而使曾国藩的战略计划全部破产。因此曾国藩被免职，由李鸿章接任其职。

同治九年（公元1870年），曾国藩奉命前往天津办理天津教案。公元1870年6月21日，天津数千名群众因怀疑天主教堂以育婴堂为幌子拐骗人口、虐杀婴儿，于是群集在法国天主

教堂前面。法国领事丰大业认为中国官方没有认真弹压，持枪在街上碰到天津知县刘杰后，遂发生争执开枪射击，将刘杰的仆人当场击毙。这大大激怒了当地民众，人们在愤怒之下先杀死了法国驻天津领事丰大业及其秘书西门，之后又杀死了10名修女、2名神父、2名法国领事馆人员、2名法国侨民、3名俄国侨民以及30多名中国信徒，并且焚毁了法国领事馆、望海楼天主堂以及当地英美传教士开办的4所基督教堂。事情发生以后，英、美、法等国联合提出抗议，并出动了军舰示威。曾国藩到天津之后，考虑到当时的局势，不愿与法国开战，于是在法国的要求下，最后决定处死为首杀人的18人，充军流放25人，并将天津知府张光藻、知县刘杰革职，充军发配到黑龙江，赔偿西方列强损失共计46万两白银，并由崇厚派使团到法国道歉。朝廷人士和民众对这样的交涉结果甚为不满，从而使曾国藩的声誉大受影响，引起全国民众对他的唾骂，他的湖南同乡也将他在湖广会馆夸耀其功名的匾额砸烂焚毁。

同治十一年二月初四(公元1872年3月20日)，曾国藩在南京病逝，朝廷赠太傅，死后被谥“文正”。

为什么说李鸿章一生功过参半？

李鸿章，晚清军政重臣，淮军的创始人和统帅，洋务运动的主要倡导者，字子黻、渐甫，号少荃、仪叟，安徽合肥人。

道光二十七年(公元1847年)，李鸿章中进士，并受业于

曾国藩门下，讲求经世之学。咸丰三年（公元1853年），李鸿章受命回原籍办团练，曾多次领兵与太平军作战。公元1858年冬，李鸿章入曾国藩幕府襄办（协助办理）营务。公元1860年，李鸿章开始统率淮扬水师。湘军占领安庆后，李鸿章被曾国藩奏荐"才可大用"，于是李鸿章被命令回到合肥一带招兵募勇。同治元年（公元1862年），李鸿章编成淮勇五营，曾国藩以上海系"筹饷膏腴之地"，命令淮勇乘英国轮船抵达上海，自成一军，是为淮军。

后来经曾国藩举荐，李鸿章出任江苏巡抚。掌握了地方实权之后，开始在江苏地区大力扩军，并采用西方新式枪炮，使淮军在两年内由6000多人迅速增加到六七万人，成为清军中装备精良、战斗力较强的一支地方武装。后来的淮系军阀集团就是在此基础上逐渐形成的。公元1863年和1864年，李鸿章率领淮军先后攻陷了苏州、常州等地，与湘军一起镇压了太平天国起义。

从19世纪60年代起，李鸿章开始积极筹建新式军事工业，仿造外国船、炮，自此开展标榜"自强"的洋务事业。公元1865年，李鸿章分别在上海和江宁（今江苏南京）创立江南机器制造总局和金陵机器制造局。同年，李鸿章署理两江总督，调集数万淮军赴中原对捻军作战。公元1866年，李鸿章继曾国藩署钦差大臣，专门负责镇压捻军的事务。次年，李鸿章被授予湖广总督。其后，他采取"就地圈围"、"坚壁清野"等战

略，相继在山东、江苏间和直隶（约今河北）、山东间剿灭东、西捻军。公元1870年，李鸿章继曾国藩任直隶总督兼北洋通商大臣，自此控制北洋达25年之久，并参与掌管清政府外交、军事、经济大权，成为清朝末年权势最为显赫的封疆大吏。

从19世纪70年代起，李鸿章开始进一步扩大洋务事业，从标榜“自强”进而发展到“求富”，以“官督商办”为主要形式创办了一系列民用企业。同时，李鸿章开始着手筹备建立北洋海军。他以外购为主，自造为辅，于光绪十四年（公元1888年）建成北洋海军。为了培养“自强”与“求富”所需要的人才，李鸿章还创办了各类新式学堂，并派人赴欧美留学。李鸿章创办的洋务事业，对中国的近代化发展起到了一定的推动作用。但是由于中外力量对比悬殊的格局，使李鸿章逐渐产生了严重的“惧外”思想，因此他在对外关系中始终坚持“委曲求全”的方针。

李鸿章是晚清时期权倾一时的重要人物，可以说晚清中国的命运与李鸿章息息相关。李鸿章一生功过参半：他以镇压农民起义起家，他的双手沾满了太平军和捻军将士的鲜血；他派人出国考察、出洋访问、创办中国近代企业，是洋务运动的先驱者，为中国近代化的进程中做出了不可抹除的贡献；他拥有严重的“惧外”思想，妄图向西方列强委曲求全，《马关条约》及《辛丑条约》都是由他负责谈判而最终缔结的……诚如梁启超在《李鸿章传》中所言：“四十年来，中国大事，几无一

不与李鸿章有关系。”

公元1901年11月，李鸿章去世，谥号“文忠”，晋封一等侯。李鸿章著有《李文忠公全集》。

左宗棠有哪些重大作为？

左宗棠，字季高，号湘上农人，湖南湘阴人。左宗棠是晚清重臣，军事家、政治家、著名的湘军将领。左宗棠一生经历了湘军平定太平天国运动、洋务运动、镇压陕甘回变和收复新疆等重大历史事件。

左宗棠生性聪颖，自幼便胸怀大志。5岁时，左宗棠跟随父亲到省城长沙读书。道光七年（公元1827年），左宗棠应长沙府试，得中第二名。他不仅攻读儒家经典，而且更多的是经世致用之学，他对那些涉及中国历史、地理、军事、经济、水利等内容的名著视为至宝。这对他后来带兵打仗、施政理财起到了很大的作用。公元1830年，左宗棠进入长沙城南书院读书，次年又进入湖南巡抚吴荣光在长沙设立的湘水校经堂。他学习刻苦，成绩优异，在当年的考试中，曾先后7次名列第一名。公元1832年，左宗棠参加在省城长沙举行的乡试，因“搜遗”（科举时代，主考在发榜前复阅落选的考卷，发现优异者临时补取，称“搜遗”）中第。但此后的6年中，左宗棠3次赴京会试，均未及第。

科场的失意，使左宗棠不能沿着“正途”进入仕途，进而实

现他的一腔抱负。不过左宗棠的志向和才干，得到了当时很多名流显宦的赏识和推重。早在公元1830年，仅18岁的左宗棠拜访长沙的著名务实派官员和经世致用学者贺长龄时，贺长龄便对他“以国士见待”。贺长龄的弟弟贺熙龄则是左宗棠在城南书院读书时的老师。对自己的这位弟子，贺熙龄非常喜爱，称其“卓然能自立，叩其学则确然有所得”，后来师生还结成了儿女亲家。最值得一提的是，名满天下的林则徐对左宗棠非常器重，两人曾在长沙彻夜长谈，二人对治国大计，尤其是关于西北军政的见解不谋而合。林则徐认定将来“西定新疆”，舍左君莫属，特地将自己在新疆整理的宝贵资料全部交付给左宗棠。后来，林则徐在临终前还命次子代写遗书，一再向朝廷举荐左宗棠。

咸丰二年（公元1852年），正当太平天国大军围攻长沙，省城告急之际，左宗棠在老朋友郭嵩焘等人的劝勉下，应湖南巡抚张亮基的邀请出山，投入到保卫大清江山的阵营中。张亮基在左宗棠的建议和帮助下，使得太平军围攻长沙3月不下，撤围北去。左宗棠一生的功名也就从此开始了。公元1854年3月，左宗棠又应湖南巡抚骆秉章的邀请，第二次入佐湖南巡抚幕府，长达6年之久。在此期间，左宗棠殚精竭虑，日夜策划，苦力支撑大局。同时，他还革除弊政，开源节流，稳定货币，大力筹措军费购军械、船只等。在左宗棠的悉心辅佐和筹划下，不但湖南军政形势转危为安，其他各项工作也取得了显

著成效。

左宗棠的才能自此开始引起朝野的关注，时人有“天下不可一日无湖南，湖南不可一日无左宗棠”的赞语。咸丰帝亦给予了左宗棠极大的关注。

公元 1856 年，由于左宗棠及时接济了曾国藩部的军饷，故而曾国藩很快夺取了被太平军占领的武昌。公元 1860 年，太平军攻破江南大营后，左宗棠随同钦差大臣、两江总督曾国藩襄办军务。左宗棠曾在湖南招募 5000 余人，组成“楚军”，赴江西、安徽等地与太平军作战。公元 1861 年，太平军攻克杭州以后，经曾国藩举荐，左宗棠出任浙江巡抚，督办军务。同治元年（公元 1862 年），左宗棠组成中法混合军，称为“常捷军”，先后攻陷金华、绍兴等地，左宗棠因功擢升为闽浙总督。公元 1864 年 3 月，左宗棠攻陷杭州，从而控制了浙江全境。

镇压了太平天国起义之后，左宗棠倡议减兵并饷，加给练兵。公元 1866 年，左宗棠上疏奏请设局监造轮船，并获得批准，于是左宗棠在福州马尾选址办船厂，并派人出国购买机器、船槽。左宗棠还创办了求是堂艺局（亦称船政学堂），以培养造船技术和海军人才。

当时又逢西北事起，左宗棠不得不改任陕甘总督，并推荐原江西巡抚沈葆桢任总理船政大臣。一年以后，福州船政局（亦称马尾船政局）正式开工，成为中国第一个新式造船厂。公元 1867 年，左宗棠奉命为钦差大臣，督办陕甘军务。左宗棠率军入陕西攻剿西捻军及西北反清回民军，很快平定了陕甘回民起义。此后，左宗棠继续从事洋务事业，先后创办了兰州制造局（亦称甘肃制造局）、甘肃织呢总局（亦称兰州机器织呢局，是中国第一个机器纺织厂）。

公元1864年6月，新疆库车爆发农民起义，建立热西丁政权；7月，和田建立帕夏政权；10月，伊犁建立苏丹政权；公元1865年1月，浩罕国（位于今乌兹别克斯坦的浩罕市一带）军官阿古柏入侵新疆；3月，乌鲁木齐建立清真王政权；公元1871年7月，沙俄武装侵占伊犁；公元1872年6月，阿古柏在新疆的喀什、英吉沙、莎车、和田、阿克苏、乌什、库车悬挂出奥斯曼土耳其帝国国旗并发行货币；公元1874年，日本入侵台湾。在这种局势下，清廷内部爆发了“海防”、“塞防”之争：李鸿章等人认为两者“力难兼顾”，主张放弃“塞防”，将“停撤之饷，即匀作海防之饷”；左宗棠立即表示异议，指出西北“自撤藩篱，则我退寸而寇进尺”，尤其可能招致英、俄的渗透。同年5月，左宗棠以64岁的高龄，被任命为钦差大臣，督办新疆军务。次年4月，左宗棠坐镇甘肃酒泉，收复新疆的战役打响。公元1876年，左宗棠指挥多路清军讨伐阿古柏，次年1月，清军占领和阗（今和田），收复了除伊犁地区之外的新疆全部领土。左宗棠随即上疏建议在新疆改设行省，以达到长治久安的目的。公元1880年春，左宗棠在新疆部署兵事，命令三路大军齐发并进，彻底击溃了阿古柏的残余势力，收复了大片

国土。公元1881年初，中俄《伊犁条约》签定，中国收回了伊犁和特克斯河上游两岸领土。左宗棠奉命回北京任军机大臣兼在总理衙门行走，总理兵部事务。左宗棠在新疆期间，为保证军粮供给，大力发展地方经济，大量兴办屯垦业，其功绩对后世影响深远，遗泽至今。

公元1881年夏，左宗棠调任两江总督兼南洋通商大臣。公元1884年6月，左宗棠奉召入京，再任军机大臣。当时正逢中法战争，法国舰队在福州马尾发动突然袭击，福建水师全军覆没，左宗棠奉命督办福建军务。11月，左宗棠抵达福州后，积极布防，并组成“恪靖援台军”东渡台湾。公元1885年，左宗棠病逝于福州。

左宗棠著有《楚军营制》，其奏稿、文牍等被辑为《左文襄公全集》。

丁日昌主要有哪些成就？

丁日昌，字禹生，又作雨生，号持静，广东丰顺人。丁日昌20岁中秀才，初任江西万安、庐陵知县。公元1861年，丁日昌成为曾国藩幕僚，公元1862年5月被派往广东督办厘务和火器，公元1864年夏任苏淞太兵备道，次年秋调任两淮盐运使，公元1867年春升为江苏布政使，公元1868年任江苏巡抚，公元1875年9月任福州船政大臣，次年任福建巡抚。公元1882年2月27日，丁日昌逝世于广东丰顺家中。丁日昌是洋务运

动的代表人物之一，同时也是著名的军事家和政治家。

丁日昌在考中秀才之后，屡次考试均未得中。惠潮嘉道李璋煜看了他的文章之后，称赞他为“不世之才”，于是将他聘为幕僚。公元1854年，太平天国的起义军攻打潮州城，丁日昌献计退敌。公元1875年，丁日昌因军功被任命为琼州府学训导，后来又出任卢陵知县。在任卢陵知县期间，由于被太平军攻陷，丁日昌被免官罢职，其后成为曾国藩幕僚，帮助曾国藩筹办水师。在出任福州船政期间，丁日昌提出创建北洋、东洋、南洋三支水师，分区设防的主张；还提出革新船政，延聘外国人员教习技术。公元1876年，丁日昌被派往台湾。在台湾期间，丁日昌开办了煤矿，架起了中国第一条自建电报线，制订了《海难救护章程》。公元1877年8月，丁日昌因病离职回籍休养。公元1879年，清政府命令丁日昌专门负责管理南洋事宜。公元1881年，丁日昌向总理衙门建议派人巡抚广西，加强对西南边疆的控制。

丁日昌在忙于政务之余，还不忘悉心读书，他著有《丁禹生政书》、《抚吴公犊》、《百兰山馆诗集》、《百兰山馆政书》等，他还尤其酷爱搜聚典籍，是清代三大藏书家之一，辑有《持静斋书目》五卷。

丁日昌曾经提出过很多积极的政治主张，比如在发展实业方面：首创轮船航运事业；创办江南制造总局；倡办开平煤矿和轮船招商局；在台湾开矿藏、筑铁路、架电线、造船械、办

农垦等。军事国防方面:提议创建北洋、东洋、南洋三支水师;建言献策不计资历,从实践中选拔各种人才。外交方面:力主维护国家主权和收回各项失去的利权等。内政方面:提倡廉洁奉公,严惩贪官污吏;平反冤狱,清理积案;剔除各种陋规积弊,蠲减苛捐杂税;注意治水促耕、抢险救灾等。华侨华工方面:建议禁止外国人在沿海诱骗华工出国;建议设市舶司,管理在外国的华侨华工等。文化教育方面:建议变八股为八科,改革科举制度;推动和促成派遣第一批留美学童;挑选船政学堂优等生赴欧留学;组织翻译和出版西方科技书籍和编纂府志政书;主张在通商口岸创办报馆;倡导广设社学及义学。

张之洞有哪些重大作为?

张之洞,字孝达,号香涛、香岩,又号壹公、无竞居士,晚年自号抱冰,直隶南皮(今河北南皮)人。

张之洞是洋务派的主要代表人物之一,他提出的“中学为体,西学为用”,是对洋务派和早期改良派基本纲领的一个概括和总结。毛泽东在谈及张之洞时曾说:“提起中国民族工业,重工业不能忘记张之洞。”由此可见,张之洞在推动中国民族工业发展方面做出了不可磨灭的巨大贡献。

公元 1837 年 9 月 12 日,张之洞出生于贵州兴义府(当时其父张瑛任兴义知府)。张之洞自幼博闻强识,文才出众。11 岁时,张之洞就已成为贵州全省学童之冠,并作有《半山亭

记》，名噪一时。《半山亭记》的全文刻于安龙招堤畔的半山亭。张之洞12岁时在贵阳出版第一本诗文集。咸丰三年（公元1853年），张之洞回直隶南皮应顺天乡试，名列第一名。同治二年（公元1863年），张之洞与贵州人李端棻（fēn）同时中进士，后历任翰林院编修、教习、侍读、侍讲学士及内阁学士等职。在此期间，张之洞成为清流派重要成员，与张佩纶、黄体芳、宝廷、陈宝琛、吴大澄、张观准、刘恩溥、吴可读、邓承修、何金寿等人一起，高谈阔论，针砭时弊，纠弹时政，抨击奕訢、李鸿章等洋务派官僚，时有“四谏”、“六君子”、“十朋”等称呼。

光绪七年（公元1881年），张之洞受命任山西巡抚，开始成为封疆大吏。后来张之洞的政治态度发生转变，大力从事洋务运动，成为后期洋务运动的主要代表人物。公元1884年春，中法战争前夕，张之洞奉命署理后又补授两广总督。在任职期间，张之洞力主抗法，积极筹措军饷和武器，并且起用前广西提督老将冯子材等，最终击败了法国军队。与此同时，张之洞在广东筹建官办新式企业，创立枪弹厂、铁厂、枪炮厂、铸钱厂、机器织布局、矿务局等；以新式装备与操法训练士兵，设立广东水陆师学堂。公元1889年，张之洞调任湖广总督。此后的十八年间，除两度暂任两江总督外，张之洞一直任职于此。他把在广东向外国订购的机器移设湖北，创立了湖北铁路局、湖北枪炮厂、湖北纺织官局（包括织布、纺纱、缫丝、制麻四

局),并创办大冶铁矿、内河船运和电讯事业,大力促进芦汉、粤汉、川汉等铁路的修筑工作。公元1894—1895年,张之洞奉命暂署两江总督,在此期间,他仿照德国营制,在江宁(今江苏南京)筹练江南自强军,后来又以此为基础在湖北编练新军。为了大力培养洋务人才,张之洞非常重视广办学校,在鄂、苏两地先后创立了武备、农工商、铁路、方言、普通教育、师范等类型的新式学堂,并且曾多次派遣学生赴日、英、法、德等国留学。在举办洋务运动的过程中,张之洞还大量举借外债,开了中国地方政府直接向外国订约借款的先河。

公元1894年8月1日中日甲午战争之后,张之洞奏请派马队“驰赴天津,听候调遣”,并想以“外洋为助”。他鉴于“倭势日强,必将深入”的形势,建议进一步巩固津沽及盛京的防御工事。10月26日,张之洞致电李鸿章,提出“购兵船、借洋款、结强援”三项主张。10月底,日本军队强渡鸭绿江,辽沈告急,张之洞再次提出“购快船、购军火、借洋款、结强援、明赏罚”五项主张。11月2日,张之洞调署两江总督。11月7日,他在致李鸿章电中指出“无论或战或和,总非有船不行”。11月下旬,日军将旅顺重重围困,张之洞先后致电李鸿章和李秉衡,要求急速为旅顺解围,但均未奏效。

公元1895年初,日军进犯山东半岛,张之洞给山东巡抚李秉衡发出急电,建议他“责成地方官多募民夫,迅速星夜多开壕堑,于要路多埋火药,作地雷”,以阻止日军进犯,并表示

自己原拟拨枪支弹药，支援山东守军。在丁汝昌自杀殉国之后，张之洞曾建议将驻扎台湾的刘永福调来山东抗日，以保卫烟台。当张之洞获悉清政府有割台海给日本的打算时，急忙致电清政府，力陈利害，极力反对割台，并提出保台的“权宜救急之法”有两个：第一，向英国借巨款，“以台湾作保”，英国必然会以军舰保卫台湾；第二，除借巨款外，“许英在台湾开矿一、二十年”，这对英国大有益处，英国必然同意保卫台湾。3月29日，张之洞致电唐景崧，一方面鼓励他积极抵御外辱；一方面建议他起用百战之将刘永福，同时致电刘永福，建议他“忍小任大，和衷共济，建立奇功”。《马关条约》签订以后，张之洞于4月26日向清政府上奏，提出废约办法“惟有乞援强国一策”(即求助于外国)。6月3日，日军攻陷基隆港。5日，张之洞再次致电唐景崧，希望他激励将士和民众坚守台北府，并鼓励他“自率大支亲兵，获饷械，择便利驻扎，或战、或攻、或守，相机因应，务取活便，方能得势。”然而唐景崧辜负了台湾人民的期望，7日乘船退回厦门。最后只剩下刘永福在台湾领导军民坚持抵抗日本侵略军。10月19日，刘永福战败，退归厦门。

在湖广、两江总督任职期间，张之洞颇得一些具有维新思想的知识分子的好感，并任用其中一些人充当幕僚。因此在戊戌变法时期，张之洞起先以支持维新活动的姿态出现。公元1895年秋，强学会在京师成立时，张之洞捐金五千两作为资

助。不久，上海强学分会成立，张之洞被推选为会长，并派旧属汪康年帮助创办《时务报》。然而当维新运动日益发展、新旧矛盾日趋激化以后，张之洞转而与维新派分道扬镳，登报声明自除会长之名，对《时务报》的进步言论大加干涉，并且严厉斥责支持变法维新的湖南巡抚陈宝箴、学政徐仁铸等人。

公元 1898 年 4 月，张之洞撰写《劝学篇》，提出“中学为体，西学为用”的口号，目的是维护封建统治制度，宣传洋务主张，攻击维新思想，反对变法运动。公元 1900 年义和团运动爆发以后，张之洞主张“安内乃可攘外”，并多次上书清政府，要求严酷镇压义和团运动。同年夏天，八国联军进逼京津，清政府对外宣战，张之洞却在地方拥兵自重，并在英国的策动下，与两江总督刘坤一、两广总督李鸿章联络东南各省督抚，和外国驻上海领事订立《东南互保章程》九条，规定上海租界由各国共同“保护”，长江及苏杭内地治安秩序由各省督抚负责。8 月间，在英国领事的协助下，张之洞在汉口破获设于英租界的自立军机关，捕杀唐才常等人。随后又在鄂、湘、皖镇压了由维新派唐才常、林圭、秦力山等联络长江中下游哥老会发动的自立军起义。

公元 1901 年，清政府宣布实行“新政”，设立督办政务处，命张之洞任湖广总督兼参预政务大臣。于是张之洞与刘坤一联合向清廷上了“江楚会奏变法三折”，提出“兴学育才”办法四条，及调整中法关系十二事，采用西法十一事，成为“新政”

活动的重要蓝本。公元 1903 年，张之洞会同管理学务大臣共同办理学务，仿照日本学制拟定“癸卯学制”(即 1903 年经过修改重新颁布的《奏定学堂章程》)，在全国首次采用了近代教育体制。公元 1905 年以后，资产阶级革命运动兴起，张之洞在东南地区大力破坏革命组织，镇压革命派领导的武装起义，因而受到社会进步舆论的强烈谴责。公元 1907 年，张之洞调任军机大臣，兼管学部。次年，清政府决定将全国铁路收归国有，张之洞受命任督办粤汉铁路大臣，后兼任督办鄂境川汉铁路大臣。公元 1909 年，张之洞病逝，谥号“文襄”。其遗著辑为《张文襄公全集》。

邓世昌是怎样一位爱国将领？

邓世昌，晚清北洋海军著名爱国将领，字正卿，广东番禺人。

邓世昌少年时亲眼目睹了西方列强军舰在中国海区横行霸道的情景，因此，立志献身保卫海疆。清同治六年（公元 1867)，邓世昌考入福建船政局，开始学习舰船驾驶。公元 1871 年，邓世昌登“建威”练习舰练习航海，并航行至渤海湾和南洋新加坡、槟榔屿各口岸。后来，邓世昌先后担任过“海东云”、“振威”和“飞霆”等舰船管带。清光绪五年(公元 1879 年)，邓世昌被调入北洋水师任职。公元 1881 年 1 月，邓世昌赴英国接收订购的军舰，驾驶“扬威”巡洋舰经地中海、印度

洋回国，因而升任该舰管带。公元 1887 年，邓世昌以参将管带职衔再次前往英国，驾驶“致远”巡洋舰回国。公元 1888 年，北洋海军组建完成，邓世昌任中军中营副将、“致远”舰管带。

邓世昌以治军严格、忠勇刚正而闻名。公元 1894 年 9 月 17 日，黄海海战爆发。邓世昌在战斗中指挥“致远”舰勇敢战斗。在战舰受到重创侧倾的危急情况下，邓世昌驾驶战舰全速撞向日联合舰队第一游击队旗舰“吉野”号，决心与敌人同归于尽。不幸鱼雷发射管被敌人击中，“致远”号舰体爆裂沉没，邓世昌与全舰 200 余名将士一起壮烈殉国。

著名事件篇

三藩之乱是怎么一回事？

三藩之乱指的是中国历史上清朝初期，三个藩镇王发起的叛乱事件。

三藩是指清朝初期吴三桂、耿精忠、尚可喜三支割据势力所辖的藩镇。清朝初年，由于清朝统治者力量尚不足以直接控制南方各省，因此从汉人降将中选拔出一些有功者分封在一些南方省份，负责管理南方诸省：吴三桂封平西王，镇守云南，兼辖贵州；尚可喜封平南王，镇守广东；耿仲明封靖南王，死后，其子耿继茂袭封，镇守福建。上述三方势力合称为三藩。三藩在所镇守的省份权力颇大，远远超过当地地方官员，并且可以掌控当地军队、税赋等。

清廷入关以后需要争取一切力量对付李自成的起义军和南明政府的反抗，此时明朝的降官降将尚是可以借助的力量。但是20年后，南方驻云南的吴三桂、驻广东的尚可喜、驻福建的耿精忠（耿继茂之子）等藩王已经形成相当大的势力，并且与清廷分庭抗礼。其中吴三桂的势力最大，不仅在经济上是中央政府的沉重包袱，而且直接威胁到清政府的统治。

康熙十二年（公元1673年）春，康熙帝作出撤藩的决定。

在康熙帝作出撤藩的决定后，吴三桂首先于当年11月杀死云南巡抚朱国治，自称天下招讨兵马大元帅，提出“兴明讨虏”的口号，将矛头直接指向清政府。吴三桂的军队从云、贵开进湖南，几乎占领了湖南全省，进而进犯四川，四川官员纷纷投

降。福建、广东、广西、陕西、湖北、河南等地都有一些藩王或将领响应。

吴三桂在湖南沿江积极部署防御工事，不敢再向北发展，康熙帝抓住机会调整战略、安排兵力。在政治上，康熙帝采取剿抚并用的手段，首先坚决打击吴三桂，而对其他的叛变者实行招抚，通过分化反叛力量来孤立吴三桂。军事上，康熙帝仅以湖南为进攻的重点，同时做到了充分信任汉将，这样就大大鼓舞了朝廷军队的士气，同时也争取了民心。

在耿精忠、尚之信归附清廷之后，吴三桂于康熙十七年(公元 1678 年)在衡州称帝，建国号为周，建元昭武，而且大封文臣武将。其实此时的吴三桂已经到了穷途末路。他积郁成疾，不久病死。吴三桂死后，其孙吴世藩继承了他所谓的“帝位”。

康熙二十年(公元 1681 年)冬，清军攻入云贵省城，吴世藩自杀，历时 8 年的三藩之乱最终被平定。

平定三藩之后，清政府才从真正意义上完成了统一，确立起了稳定的皇朝统治，并进一步为以后的“康乾盛世”奠定了政治基础。

雅克萨之战是一场怎样的战争？

雅克萨之战，是指沙俄侵略者妄图侵占我国黑龙江流域大片领土，我国军民被迫进行的一次反对侵略、收复失地的自卫战争。《中俄尼布楚条约》是雅克萨自卫反击战的重要成果。

黑龙江流域自唐代以来就是我国的领土。顺治元年，俄罗

斯帝国在成功向西伯利亚扩张以后尝到了甜头，于是将魔爪伸入到我国的黑龙江地区，并先后占领了尼布楚与雅克萨两城。

康熙帝在平定三藩之后，随即着手解决驱逐沙俄的问题。从康熙二十一年（公元 1682 年）二月中旬开始，康熙帝巡行东北。东巡之后，康熙帝命令副都统彭春与郎谈在八月十五日以行猎为名到达斡尔、索伦侦察敌情。两人侦察完以后回来汇报，说只要率领 3000 人带上红衣大炮 20 门就可以解决问题。十二月，康熙帝任命萨布尔为黑龙江将军扩建瑷辉城，为驱逐俄军作准备。

康熙二十四年四月二十八日，康熙帝命令彭春、郎谈、萨布尔三人率领满、蒙、汉 3000 余人分批抵达雅克萨，要求沙俄督军托尔布津立即撤军，但受到拒绝。五月二十五日，一队沙俄军队企图冲入城内救援，被林兴珠（原是吴三桂部下，平定三藩时降清）所率领的藤牌兵（藤牌兵是中国古代一种特殊的兵种，在雅克萨战役中，400 名藤牌兵将士在枪林弹雨中与侵略者周旋恶战，为收复雅克萨屡立奇功，而藤牌兵居然无一人死于战斗，创造了军事史上的奇迹）杀伤大半。清军当晚以炮火攻城。次日，郎谈又在城下堆放柴火，预备焚城。俄军大惊失色，托尔布津在无可奈何之下，乞求投降。康熙帝降旨，饶恕他们的罪过，让俄军撤军回国。清军毁掉雅克萨城之后，撤回到瑷珲。

托尔布津获悉清军撤回瑷珲后，于七月又回到雅克萨，重新筑城。康熙二十五年二月，康熙帝命令黑龙江将军萨布尔率军 2500 人再次攻打雅克萨。五月，萨布尔与郎谈率军抵达雅克

萨城下，俄军仍然拒不投降。六月四日，清军炮轰雅克萨，同时切断城内水源，歼敌百余名，托尔布津因受重伤，不久死去。沙俄连忙派人到北京求和。为了和平谈判边界问题，清政府主动撤军。沙俄被迫同意清政府主张，答应派使者与清谈判，议定边界问题。

康熙二十七年五月二日，索额图奉命离京赴俄国谈判。离京之前，康熙帝谕示：尼布楚、雅克萨、黑龙江上下游以及通向此江的一河一溪都属于我方。康熙二十八年（公元 1689 年）七月八日，中国代表领侍卫大臣索额图与俄方代表御前大臣费多尔·阿列克谢耶维奇·戈洛文在尼布楚开始边界谈判。俄方代表提出以黑龙江为界的无理要求，被中方代表断然拒绝。经过一番唇枪舌战的谈判斗争，双方在七月二十四日签订了《中俄尼布楚条约》，条约内容如下：

1.以格尔必齐河、外兴安岭和额尔古纳河为界，外兴安岭以南属中国，以北属俄国，额尔古纳河以南属中国，外兴安岭以南和乌第河中间地区归属留待以后讨论；

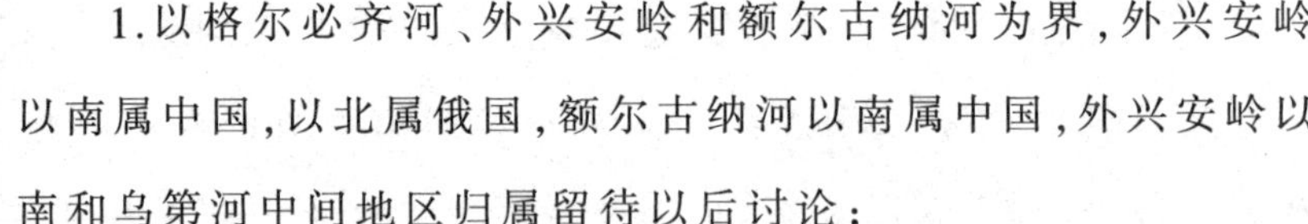

2.拆毁雅克萨城，俄国居民及其财物撤回俄国；

3.严禁双方猎户人等捕猎偷盗；

4.中国境内的俄国人和俄国境内的中国人仍留原处，不必遣还；

5.中俄两国人民有合法手续者，可以相互贸易；

6.条约签订以后，双方有逃亡的必须引渡送回原国。

雅克萨自卫反击战的胜利，是中国人民为保卫边防而进行

的一次自卫之战，是一场正义的战争，它挫败了沙俄跨越外兴安岭侵略我国黑龙江流域的企图，有效遏制了沙俄对我国的侵略野心，使我国东北边境在之后的一个半世纪里基本上得到了安定。

平定准噶尔叛乱之战是一场怎样的战争？

平定噶尔丹叛乱是指清朝为了维护国家统一而平定准噶尔首领噶尔丹叛乱的战争。这次战争起始于康熙二十九年(公元1690年)，结束于乾隆二十二年(公元1757年)，历经康、雍、乾三朝，历时将近70年。

明末清初，我国北方的蒙古族分裂为三大部：在今内蒙古地区的是漠南蒙古，在原外蒙古一带的是漠北喀尔喀蒙古，游牧于天山以北一带的是漠西厄鲁特蒙古。厄鲁特又称为卫拉特，又分为四部：游牧于今新疆乌鲁木齐地区的和硕特部、游牧于今伊犁河流域的准噶尔部、游牧于今新疆塔城地区的土尔扈特部、游牧于今额尔齐斯河流域的杜尔伯特部。在这四部之中，准噶尔部势力最强，先后吞并了土尔扈特部及和硕部的牧地，迫使土尔扈特人转牧于额济勒河(今伏尔加河)流域，和硕特人迁居至青海。

噶尔丹是卫拉特蒙古准噶尔部首领巴图尔浑台吉的第六子。康熙九年(公元1670年)，噶尔丹杀死兄长袭为台吉。接着，他出兵擒获叔父楚琥尔乌巴什，攻克和硕特部首领鄂齐尔图车臣汗。

康熙十七年二月，噶尔丹又领兵向青海进发，行军途中，噶尔丹因害怕清军甘肃关外兵切断自己的后路，所以中途回师。康熙十八年夏，噶尔丹两次出兵，先后占领了哈密和吐鲁番。西藏达赖喇嘛封噶尔丹为“博硕克图汗”。康熙十九年，噶尔丹应达赖喇嘛的邀请，派兵帮助天山南路的伊斯兰教“白山派”首领阿帕克和卓与“黑山派”争斗，并乘机占领了南疆地区。

噶尔丹率兵经由阿克苏、乌什等地进攻喀什噶尔（今新疆喀什）。叶尔羌王伊斯玛伊勒汗子巴巴克苏勒坦率军奋力抵抗，结果兵败身亡。噶尔丹攻占喀什噶尔后，又攻占了叶尔羌，俘虏了伊斯玛伊勒汗。到此，噶尔丹基本控制了南疆地区。

噶尔丹野心勃勃，进一步准备将兵锋转向漠北喀尔喀蒙古。而此时，正是沙皇俄国疯狂向外扩张的时期，为了达到侵略中国西北边疆的目的，沙俄对噶尔丹进行拉拢利诱。康熙二十六年（公元 1687 年）底，沙俄参加中俄边界谈判的代表戈洛文，在伊尔库茨克专门接见了噶尔丹的代表，阴谋策动噶尔丹叛乱，并承诺派兵支持他进攻喀尔喀蒙古。在沙俄的唆摆下，噶尔丹率军进攻喀尔喀蒙古，发动了一场旨在分裂祖国的叛乱。

康熙二十七年（公元 1688 年），噶尔丹率骑兵 3 万自伊犁东进，越过杭爱山，进攻喀尔喀。喀尔喀三部首领仓皇率众出逃，逃往漠南乌珠穆沁（今内蒙古乌珠穆沁旗）一带，向清廷告急求援。康熙帝一方面将他们安置在科尔沁（今内蒙古科尔沁旗）放牧，另一方面责令噶尔丹撤兵西归。但噶尔丹气焰嚣张，不但对康熙帝的命令充耳不闻，而且率兵乘势南下，深入乌珠

穆沁境内。对于噶尔丹的猖狂南犯,康熙帝一面下令就地征集兵马,一面调兵遣将,准备北上迎击。康熙二十九年(公元1690年)六月,康熙帝决定御驾亲征,并下令分兵两路出击:左路军出古北口(今河北滦平南),右路军出喜峰口(今河北宽城西南),从左右两翼迂回北进,消灭噶尔丹于乌珠穆沁地区。

康熙帝一方面亲临博洛和屯(今内蒙古正蓝旗南)指挥作战,另一方面命令盛京将军、吉林将军各率所部兵力,西出西辽河、洮儿河,与科尔沁蒙古兵会合,协同清军主力共同作战。右路军北进至乌珠穆沁境内时与噶尔丹军相遇,交战失利向南撤退。噶尔丹乘势长驱南下,渡过沙拉木伦河,进抵乌兰布通。此时清左路军也进至乌兰布通南,康熙帝急令右路军停止南撤,与左路军会合,合击噶尔丹,并派兵一同进驻归化城(今内蒙古呼和浩特),准备伺机侧击噶尔丹归路。

乌兰布通位于克什克腾旗(今内蒙古翁牛特旗西南)的西面。该地北面靠山,南临高凉河(沙拉木伦河上游的支流),地势险要,易守难攻。噶尔丹背山面水布阵,将一万余骆驼缚蹄卧地,背负木箱,蒙以湿毡,摆成一条如同城栅的防线,称之为"驼城",并下令士兵在驼城之内,依托箱垛放枪射箭。清军以火器部队在先,步骑兵在后,隔河布阵。

清军首先集中火铳火炮,猛烈轰击驼阵,从中午到傍晚,把驼阵轰断为二,然后挥军渡河,以步兵发起正面进攻,又以骑兵从左翼迂回侧击。噶尔丹大败,率军撤往山上。次日,噶尔丹派使者向清军求和,并乘机率残部夜渡沙拉木伦河,逃回科布多

（今蒙古吉尔噶朗图）。

噶尔丹自乌兰布通失败以后，叛乱之心未死，他以科布多为基地，继续招兵买马，企图重整旗鼓，卷土重来。为防止噶尔丹再次进攻，康熙帝采取了一系列措施：调整部署，加强边境防卫；巡视漠北诸部，稳定喀尔喀蒙古上层，将逃居漠南的喀尔喀蒙古分为左中右三路，编为37旗；设立驿站和火器营，沟通内地与漠北地区的联系，加强使用火铳火炮的训练。

康熙三十三年，清政府下诏噶尔丹前来会盟，噶尔丹不但抗命不至，反而派兵侵入喀尔喀，于是康熙帝决定诱其南下，然后一举歼之。清军在战前做了充足的准备：调集兵马，征调大批熟悉地形的蒙古人为向导，随军携带5个月口粮，按照每名士兵配备一名民夫四匹马的标准，组织庞大的运输队，配备运粮大车6000辆；筹备大量防寒防雨器具，准备大批木材、树枝，以备在越过沙漠和沼泽地时铺路。

康熙三十四年九月，噶尔丹率3万骑兵自科布多东进，沿克鲁伦河东下，并扬言已借到6万俄罗斯鸟枪兵。在此种形势下，康熙帝决定再次御驾亲征。次年二月，康熙帝调集9万大军，分东中西三路进击：东路9000余人，由黑龙江将军萨布素率领越兴安岭西进，出克鲁伦河实行牵制性侧击；西路4.6万人，由抚远大将军费扬古率领，分别出归化、宁夏（今宁夏银川），越过沙漠，会师于翁金河（今蒙古德勒格尔盖西）后北上，切断噶尔丹军西逃科布多的后路；康熙帝亲率中路3.4万人出独石口（今河北沽源南）北上，直指克鲁伦河上游，与其他两路

约期夹攻，准备歼灭噶尔丹军于克鲁伦河一带。

三月，康熙帝率中路军出塞。噶尔丹见康熙亲率精锐前来，又闻西路清军已渡过土剌河，唯恐受到两面夹击，于是连夜率部西逃。五月十三日，清西路军抵达土剌河上游的昭莫多(今蒙古乌兰巴托东南)，在距噶尔丹军15公里处安营扎寨。费扬古鉴于清军长途跋涉，饥疲交加，决定采取以逸待劳、设伏截击的战略，以一部依山列阵于东，一部沿土剌河布防于西，将骑兵主力隐蔽于树林之中；振武将军孙思克率步兵居中，把守山顶。战斗开始后，清军先派400骑兵挑战，诱使噶尔丹军进入埋伏。噶尔丹率兵进击，企图攻占清军控制的山头。孙思克率兵据险防守，双方激战一天，未分胜负。此时，费扬古指挥沿河埋伏骑兵一部迂回敌阵，另一部袭击其阵后家属、辎重，据守山头的孙思克也乘势出击。噶尔丹军大乱，仓皇北逃，清军乘胜追击，歼敌数千人，降敌3000人，击毙噶尔丹的妻子阿奴。

在噶尔丹率军东侵喀尔喀之际，其后方基地伊犁地区被他的侄子策妄阿拉布坦乘机袭占。再加上连年战争，噶尔丹精锐丧尽，兵败穷蹙，无所归处。康熙三十六年二月，由于噶尔丹拒不投降，康熙帝再次下诏亲征。噶尔丹在众叛亲离的情况下，服毒自尽。至此，康熙帝平定噶尔丹叛乱的战争宣告结束，喀尔喀地区重新统一于清朝。

噶尔丹死后，策妄阿拉布坦继之成为准噶尔部的首领。随着统治地位的巩固和统治范围的不断扩大，策妄阿拉布坦也滋长了分裂割据的野心，同时，沙俄也积极支持其叛乱。在沙俄的

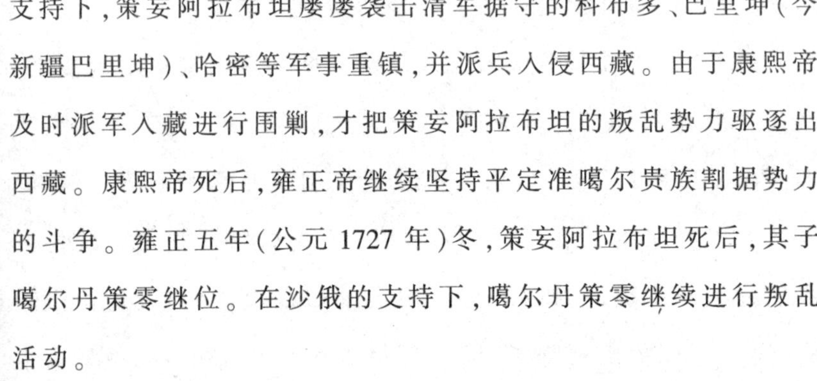

支持下，策妄阿拉布坦屡屡袭击清军据守的科布多、巴里坤（今新疆巴里坤）、哈密等军事重镇，并派兵入侵西藏。由于康熙帝及时派军入藏进行围剿，才把策妄阿拉布坦的叛乱势力驱逐出西藏。康熙帝死后，雍正帝继续坚持平定准噶尔贵族割据势力的斗争。雍正五年（公元 1727 年）冬，策妄阿拉布坦死后，其子噶尔丹策零继位。在沙俄的支持下，噶尔丹策零继续进行叛乱活动。

雍正十年七月，噶尔丹策零率军袭击驻扎于塔半尔河的清军。八月初，清军以精骑 3 万夜袭敌营，准噶尔军溃逃。清军乘胜追击，噶尔丹策零被迫投降。

乾隆十年（公元 1745 年），噶尔丹策零死后，准噶尔部发生内乱，达瓦齐夺得汗位。清乾隆二十年（公元 1755 年）二月，清乾隆帝发兵 5 万直捣伊犁，达瓦齐措手不及，兵败被俘。

后来，归顺清廷的阿睦尔撒纳，因为统治厄鲁特蒙古四部的野心未能得逞，起兵叛乱。乾隆二十二年春，乾隆帝派军从巴里坤等地分路进击，大败叛军，阿睦尔撒纳逃往沙俄后不久病死。清军平定准噶尔贵族叛乱的战争，至此宣告胜利。

清朝平定准噶尔贵族叛乱的战争，是一次维护祖国统一、反对民族分裂的正义之战。这场战争不仅维护、巩固了西北边陲，消灭了准噶尔贵族的分裂势力，而且也挫败了沙皇俄国侵略中国的狼子野心。

白莲教起义为什么会失败？

白莲教起义，也称为川楚教乱，是指从清嘉庆元年（公元1796年）至嘉庆九年（公元1804年），发生在湖北、四川、陕西、河南地区的以白莲教为组织形式的农民反抗封建压迫的起义。

白莲教起义在历时9年多的战斗中，占据或攻破州县达204个，抗击了清政府从16个省征调来的大批军队，歼灭了大量清军，击毙副将以下兵将400余名。为了镇压这次起义，清政府耗费军费2亿两，相当于清政府4年的财政总收入。这次起义使清朝元气大伤，自此之后，清朝的统治逐渐走向衰落。

乾隆末年，由于人口增长迅速，土地兼并严重，河南、安徽、江西各地出现了大量饥民，他们受尽各种不平等的剥削，生活极为艰难。而民间秘密宗教白莲教，传播弥勒佛未来会“改造世界”，宣扬“教中所获资财，悉以均分”，“有患相救，有难相死，不持一钱可周行天下”。平均互助思想在贫苦百姓中间迅速流行，因此，参加白莲教的人越来越多。

面对白莲教势力的日益壮大，清政府唯恐其危害到自己的统治，于是下令严厉搜捕教中骨干，要求“全教拿获，毋使一名漏网”。乾隆五十九年（公元1794年）十月，白莲教各地首领除刘之协等少数人逃脱外，大多数被捕。地方官吏乘机勒索，如果有人不顺从，就以邪教治罪。清政府为了镇压湘、贵苗民起义，巧立名目，征收各种苛捐杂税，导致大批农民破产，流离失所。

乾隆六十年（公元1795年），湖北各地白莲教首领约定在

次年发动起义,起义的消息被清政府侦知,于是清政府以邪教为名大量抓捕教民,这就进一步激起了教众的反抗。

嘉庆元年正月初七(公元 1796 年 2 月 15 日),宜都、枝江一带的教众首先发动起义。三月初十,襄阳女子王聪儿、姚之富等人也发动起义,成为各支白莲教军队的主力,在湖北、四川、河南、陕西各省游动作战。

嘉庆二年 (公元 1797 年), 清军总兵德楞泰针对白莲教的流动作战方式,提出实行“令民筑堡御贼”的方法,“绅士梁友谷等筑堡团练,贼不能犯,保护乡里十余万人”。由于各支起义军互不统属,而且各自为战,无法相互呼应,于是被清朝陕甘总督杨遇春、总兵德楞泰、胜保率军队各个击破。

嘉庆三年 (公元 1798 年), 襄阳白莲教起义军在湖北郧西被包围,王聪儿、姚之富兵败跳崖自杀。

此后,清军推行团练和坚壁清野战术,筑起大量寨堡,将村落百姓强行移居其中,又训练团练进行防守,从而切断了起义军粮草与兵源的来源。至嘉庆九年(公元 1804 年),白莲教起义军被全部镇压。

修堡筑寨、固守一地与硬拼的作战方针,是白巾军起义初期被清军各个击破的主要原因;大踏步前进、后退,实施流动作战,虽然在一定程度上获得了战争的主动权,粉碎了清军一网打尽的战略企图,但由于没有建立稳固的根据地,当清军实施筑寨团练和坚壁清野战术时, 起义军就完全丧失了主动权,这是白巾军最终失败的主要原因;教、军合一的组织形式和封建

家长制的管理制度，导致起义组织内部派系林立，战争中缺乏统一领导和指挥，各部只能各自为战，不能密切配合，这也是白巾军失败的重要原因之一。

张格尔叛乱是怎么一回事？

张格尔叛乱是指清嘉庆二十五年（公元 1820 年）至道光七年（公元 1827 年），清军在新疆歼灭张格尔叛乱集团的战争。

乾隆年间，清军先后平定了大、小和卓叛乱，统一了天山南北。后来，大和卓波罗尼都之子萨木萨克逃至浩罕（新疆西浩罕国，今属吉尔吉斯）。萨木萨克的次子张格尔，在英国侵略势力的支持下，企图恢复和卓家族昔日在南疆（新疆南部）的统治地位。

嘉庆二十五年，张格尔利用南疆维吾尔族人民对清参赞大臣静斌残暴压迫的不满情绪，于当年八月率数百人潜入南疆，煽动当地民众叛乱。清领队大臣色普征额率兵镇压，将其大部分歼灭，张格尔率残部二三十人逃回浩罕。张格尔回到浩罕之后，英国殖民者为其提供装备，于是张格尔积极组织训练军队，以图再次进入南疆。

道光五年，张格尔叛军屡次以小股势力侵扰边境，作试探性进攻。九月，领队大臣巴彦巴图率兵 200 余人进击，还没等遭遇张格尔部，竟然先杀害了牧民妇孺百余人，后被布鲁特部全歼，从而引起了西部大乱。道光帝以贪淫虐杀回民罪为名，将静斌、色普征额撤职下狱，判以死刑。道光六年六月，张格尔与其

英国教官乘机率叛军300人，从开齐山进至喀什噶尔（今喀什）城北约60里的阿尔图什（今阿图什），并以礼拜祖墓为名，煽动当地群众发动叛乱。新任喀什噶尔参赞大臣庆祥，命令协办大臣舒尔哈善、领队大臣乌凌阿率兵1000人进攻张格尔叛军。叛军大部分被歼灭，张格尔率百余人突围后，因为惧怕北疆清军前来增援，竟然以出卖祖国权益为条件向浩罕求援："约破四城（喀什噶尔、英吉沙尔、叶尔羌、和阗）子女玉帛共之，且割喀什噶尔酬其劳"。当年七月，浩罕穆罕默德·阿里汗亲率万人大军入侵南疆，攻打喀什噶尔城。后来因为与张格尔发生矛盾，恐怕腹背受敌，穆罕默德·阿里汗引兵退走，然而穆罕默德·阿里汗的大军中仍有3000人被张格尔诱留，助其攻城略地。经70余日的激战，张格尔最终于八月二十日攻破喀什噶尔城，参赞大臣庆祥等自杀殉国。

张格尔入城后自称赛亦德·张格尔苏丹，自立为南疆统治者。继而攻打英吉沙尔（今英吉沙）、叶尔羌（今莎车）、和阗（今和田）三城，并先后攻破。张格尔控制南疆之后，"残害生灵，淫虐妇女，搜索财物，其暴虐甚于前和卓千倍万倍"，无恶不作，与他入疆前的宣传截然相反，这大大激起了广大维吾尔族人民的强烈反对，维吾尔族人民由此转而支持清军。

占领叶尔羌的叛军紧接着进攻阿克苏（今属新疆）。阿克苏办事大臣长清派参将王鸿仪率兵600人阻击，在都尔特（今阿瓦提北）遭叛军全歼，王鸿仪战死。当叛军行至距阿克苏仅80余里处，企图强渡浑巴什河时，遭遇清军援军及当地维吾尔族人民自发组织的武装力量，叛军屡攻屡败，被俘斩者达千余人。叛军不敢再东进，因而东部局势趋于稳定。

道光帝命伊犁将军长龄为扬威将军，并以陕甘总督杨遇春、山东巡抚武隆阿为参赞大臣，调集吉林、黑龙江、陕西、甘肃、四川5省3万兵力会攻叛军。道光六年十月，陕西等地的万余清军抵达阿克苏，开始转为反攻作战。当时叛军3000余人据守阿克苏西南约250里的柯尔坪（今柯坪），该地西南通巴尔楚克（今巴楚）、喀什噶尔，是清军进军的必经之路。长龄派陕西提督杨芳，以突袭的方式迅速攻占该地，从而打开了西进的通道。与此同时，和阗伯克（官名，新疆维吾尔族地方官吏的总称）伊敏也率领当地群众2000余人大败叛军，收复了和阗。但由于大雪封路，清军不能迅速赶往增援，和阗很快又被叛军夺占。

道光七年二月六日，清军主力开始西进。二十二日，清军在大河拐击败叛军3000余人，次日又于浑阿巴特（今伽师东）击败叛军2万人，二十五日，清军于沙布都尔再歼叛军万余人。二十八日，清军进至浑河（又称洋达玛河，今博罗和硕河）北岸，距喀什噶尔城仅有10里。10余万叛军在河对岸列阵待发。清军采取声东击西的战术，先以一部骑兵在下游渡河，将敌军注意力引向下游，然后以主力乘夜暗由上游急渡，突袭叛军大本营，叛军毫无防备，纷纷或逃或降。清军乘胜追击，于三月初一日收复喀什噶尔城，接着又在初五收复英吉沙尔，十六日收复叶尔羌，五月收复和阗。

叛军首领张格尔由木吉（今布伦库勒西北）逃往达尔瓦斯

山的藏堪。十二月二十七日，张格尔再次率领500余人潜入阿尔瑚（今阿图什西北），在喀尔铁盖山（今喀拉铁克山）被清军全歼，张格尔突围失败，被押赴北京，后在午门举行献俘仪式，道光下令将其寸磔（寸磔就是每隔一寸剐上一刀的意思，就是常说的“千刀万剐”，即凌迟之刑）喂狗，张格尔叛乱最终被平定。

虎门销烟是怎么一回事？

虎门销烟是指清政府委任钦差大臣林则徐在广东虎门集中销毁鸦片的历史事件。公元1839年6月3日，林则徐下令在虎门海滩当众销毁鸦片，至6月25日结束，共历时23天，销毁鸦片19187箱和2119袋，总重量达1188127公斤。

工业革命之后，英国成为世界工业大国。公元1757年，英国消灭了莫卧儿帝国，将印度纳入自己的殖民体系之内。英国东印度公司于公元1773年取得了印度专卖权，开始大量生产鸦片。英国政府和英国东印度公司董事会开始对华贸易时，并不支持贩卖鸦片，认为这样做有损国家体面。

但是后来，英国殖民主义者为了发展垄断资本主义，进一步开拓殖民地市场，开始向中国秘密走私鸦片 。

清朝自道光初年起，鸦片就开始流毒全国，而且愈演愈烈，从而导致了白银大量外流，造成了严重的社会危机。道光十八年闰四月初十（公元1838年6月2日），鸿胪寺卿黄爵滋针对当时烟毒泛滥的严重情况，向道光帝上了一个主张严禁鸦片的奏折，即著名的《严塞漏卮以培国本折》。以琦善为首的弛烟派

大力抨击黄爵滋，并以各种理由将烟害问题归咎于其他社会问题上。不过林则徐早在江苏巡抚及湖广总督任内就已成功禁烟，把烟贩及鸦片吸食者一扫而空。鉴于林则徐的成功，道光帝认为禁烟的主张非常可行，于是道光帝召林则徐入京，并任命为钦差大臣，主持全国禁烟运动。

道光十九年正月二十五日（公元 1839 年 3 月 10 日），林则徐正式抵达广东。众鸦片烟商以为贿赂就能打动新来的钦差大臣，于是纷纷送出大量钱物。然而林则徐偏偏与历来的官员不同，视钱财如粪土，他限定所有烟商三日内交出全部鸦片，并签下切结书，声明以后不再贩卖鸦片。少数烟商屈服，交出了鸦片，但大部分烟商，包括官府差役、胥吏查办，都没有实际行动。林则徐便宣告：“若鸦片一日未绝，本大臣一日不回，誓与此事相始终，断无中止之理。”林则徐深知知识界的士人是与他同一阵线的，于是召令粤秀书院、越华书院、羊城书院三大书院 645 名学子入贡院“考试”。林则徐此举名为考试，实为问卷调查，试题只有四道：1.鸦片集散地及经营者姓名；2.零售商；3.过去禁烟弊端；4.禁绝之法。据此，林则徐掌握了所有烟商、贪官污吏的名单。

禁烟期间，林则徐写了一封致维多利亚女王的照会，要求女王去除印度的鸦片，并通知女王中国早已通过《钦定严禁鸦片烟条例》，全面禁烟，希望英国国民放弃鸦片贸易。

外国烟商认为交少量鸦片给林则徐交差就能了事，于是采取拖延手法，称对命令要详加考虑，成立委员会作报告，七日内

再行回复。林则徐非常气愤,限令烟商依时交出鸦片,否则翌日(第二天)十时自己亲自到十三行审判外国烟商。三日之后,烟商只是象征性地交出了 1037 箱鸦片。于是邓廷桢下令封锁广州海岸,围困十三行。

当时的商务总监查理·义律一听到十三行被围困的消息,立即从澳门赶往广州。义律看到十三行都有人把守,便提剑闯入,看守人只得放行,但决不让他再走出来。林则徐下令十三行内所有华人迁出,断绝通信,断粮断水。

公元 1839 年 3 月 25 日,义律屈服,表示愿意约见任何一名中国官员。广州知府应约与他会面,但义律没有出现。林则徐向义律下了最后通牒——《示谕外商速交鸦片烟土四条稿》。最后,义律不得不于三日后(公元 1839 年 3 月 28 日)服从林则徐的命令,向林则徐呈送了《义律遵谕呈单缴烟二万零二百八十三箱禀》。从林则徐 3 月 10 日抵达广州,到义律 3 月 28 日被迫同意缴出全部鸦片,历时总共 18 天。

然而,义律非常狡猾,他不让外国烟商直接将鸦片交给林则徐,而是先交给他,然后他再以"不列颠女王陛下政府的名义"缴出鸦片,连利息、运费共总 20238 箱鸦片。从而使商业冲突变相成为中英两大帝国之间的国家冲突。

道光十九年二月十六 (公元 1839 年 4 月 10 日), 林则徐、邓廷桢及广东海关监督豫坤乘船抵达虎门,会同广东水师提督关天培验收鸦片。烟贩在沙角上缴鸦片。林则徐建议缴出一箱鸦片,则赏茶叶五斤。

美国及荷兰烟商承诺永远不再贩卖鸦片，义律却从中破坏，缴烟途中运走鸦片，并以各种借口拖延缴烟时间。林则徐将计就计，也延长封锁十三行的时间，义律在无可奈何之下如数缴出所有鸦片。道光十九年三月十九（公元1839年5月12日），民间缴烟完毕，拘捕吸毒者、烟贩共计1600人，收缴烟膏461526两、烟枪42741杆、烟锅212口。道光十九年四月初六（公元1839年5月18日），烟贩缴烟完毕，共收19187箱零2119袋。道光十九年四月十一（公元1839年5月23日），英国商贩被驱逐出境。次日，义律将十三行的英国人撤到澳门。

林则徐原打算将鸦片运回京师销毁，但是御史邓瀛建议，为防止鸦片被偷偷换掉，就地销毁更好。经道光帝批准后，林则徐决定在虎门公开销烟。然而，用什么方法销毁鸦片更好呢？林则徐曾使用过传统的“烟土拌桐油焚毁法”，但膏余却会渗入地中，吸毒者掘地取土，仍可以得到十之二三。因此林则徐决定采用“海水浸化法”。

“海水浸化法”即在海边挖两个大池，池底铺石，为防止鸦片渗漏，四周钉板，再挖一个水沟。将盐水倒入水沟，流入池中。接着把烟土割成四瓣，倒入盐水，泡浸半日，再投入石灰，石灰遇水沸腾，进而使烟土溶解。待退潮时，把池水送出大洋，并用清水洗刷池底。

道光十九年四月二十二（公元1839年6月3日），虎门销烟正式开始。虎门搭起了一座礼台，前面挂着一面黄绫长幡，上写着“钦差大臣奉旨查办广东海口事务大臣节制水陆各营总督

部堂林”，广东各高级官员全部出席。由于销烟是公开参观的，而且是在端午节前后，因此很多人纷纷前往虎门海滩。

虎门销烟的历史壮举不仅得到了国人的支持与赞誉，就连《澳门月报》、《季度评论》、《新加坡自由新闻》、《广州纪时报》等外国人的报纸也大篇幅地报道了此次事件，得到了与鸦片贸易无关的外国人支持和肯定。

从四月二十二日到五月十日，林则徐共计销毁 188125 公斤鸦片，其中少量鸦片被运往京师作样本，然后销毁。至此，虎门销烟的历史壮举宣告结束。

第一次鸦片战争是怎样一次战争？

公元 1840 年—1842 年的鸦片战争，是中国从主权独立的封建国家转变为半殖民地半封建社会的转折点。

18 世纪 70 年代，英国开始把鸦片大量输入中国。到了 19 世纪，鸦片输入额越来越多。英国资产阶级为了改变英中贸易中的入超现象，大肆向中国输入鸦片，以达到开辟中国市场的目的。19 世纪初输入中国的鸦片为 4000 多箱，到 1839 年就猛增到 40000 多箱。英国资产阶级从这项可耻的贸易中大发横财。由于鸦片输入的日益增加，致使中国白银大量外流，并使吸食鸦片的人在精神上和生理上受到了严重的摧残。如果再不采取制止措施，将会造成国家财源枯竭和军队瓦解。因此，清政府决定严禁鸦片。

公元 1839 年 3 月，清政府派钦差大臣林则徐到达广州，通

知外国商人在三天内将所存鸦片烟土全部上缴，并宣布："若鸦片一日未绝，本大臣一日不回，誓与此事相始终，断无中止之理。"林则徐克服了英国驻华商务监督义律和不法烟商的重重阻挠和破坏，共缴获各国(主要是英国)商人烟土118万多公斤，从6月3日到25日，在虎门海滩当众销毁。

面对清政府的禁烟措施，英国资产阶级尤其是其中的鸦片利益集团，立刻掀起一片侵华战争的叫嚣声。英国政府很快决定向中国出兵，发动侵华战争。公元1840年6月，侵华英军总司令懿律率军舰40余艘、士兵4000多名，陆续抵达中国南海海面。6月28日，英军军舰封锁珠江海口，第一次鸦片战争正式爆发。7月初，英军侵占浙江定海，8月初抵达天津大沽口外，直逼北京。道光帝害怕至极，连忙将林则徐革职查办，并改任琦善为钦差大臣。同年年底，英国侵略者一方面与琦善在广州和谈，一方面突然向中国发起进攻，先后攻陷了沙角、大角炮台。公元1841年1月中旬，琦善被迫答应英国全权代表义律提出的割让香港、赔偿烟价600万元、开放广州等苛刻条件。琦善未经清政府批准，私自应允了英军条件，这完全违背了清廷的初衷，因此受到严惩。但是在26日，英军却未经中国政府同意就擅自占领了香港。清政府得知沙角、大角炮台失守后，立即对英国宣战。2月下旬，英军攻陷虎门炮台，水师提督、著名爱国将领关天培与守军数百人全部壮烈殉国。5月，英军逼近广州城外，清军全部退入城内。5月下旬，新任靖逆将军奕山向英军求和，与英国签订了丧权辱国的城下之盟——《广州和约》，规定

清朝方面向英军交出广州赎城费600万元。

英国政府并没有满足于义律从中国攫取的利益，改派璞鼎查为全权公使，并增派援军，进一步扩大侵华战争的规模。公元1841年8月下旬，璞鼎查率英舰自香港北上，26日攻陷厦门。9月，英军进犯台湾。10月，英军先后攻陷定海、镇海和宁波。公元1842年5月，英军继续向北进犯，6月攻陷长江口的吴淞炮台，很快宝山、上海相继失陷。紧接着，英军沿江西上，8月5日抵达江宁（南京）江面。腐败软弱的清政府命令盛京将军耆英赶赴南京与英国侵略者谈判。29日，耆英代表清政府与璞鼎查在英国军舰上签订了中国近代史上第一个不平等条约——《南京条约》，第一次鸦片战争到此宣告结束。

和清朝统治者恰恰相反，沿海各地人民自始至终一直与侵略者做着不屈不挠的斗争。公元1841年5月，广州北郊三元里的抗英斗争是人民群众自发抗英斗争的高峰。

第一次鸦片战争因为清政府的腐败无能而以失败结束，外国侵略者从中国得到了割让香港，赔款2100万元，开放广州、福州、厦门、宁波、上海五口通商，以及协定关税权、领事裁判权、片面最惠国待遇等一系列特权，从而严重损害了中国的独立主权。《南京条约》签订以后，美国、法国等资本主义国家接踵而至，乘机索取特权，强迫清政府签订了一系列不平等条约。第一次鸦片战争是我国走向半殖民地半封建社会的第一步，同时标志着中国近代史的开端，从此中国人民开始经受更加深重的苦难，同时也成为我国人民反侵略反封建斗争的开端。

第二次鸦片战争是怎样一次战争？

19 世纪 50 年代，英、法、美等资本主义国家的工业生产迅速发展，因此迫切要求有更多、更大的原料产地和商品销售市场，他们越来越不满足于第一次鸦片战争中从中国掠夺到的权益，进一步要求在《南京条约》的基础上签订新的不平等条约。

公元 1854 年和 1856 年，英、法、美等国先后两次以帮助镇压了太平天国起义为借口，向清政府提出包括中国全境开放、鸦片贸易合法化等无理要求，均遭到了清政府的严词拒绝。英法等国对此极为不满，英法两国随即开始策划一场新的侵华战争，准备再次以武力来达到他们罪恶的目的。这就是英法两国共同发起的侵略中国的第二次鸦片战争。

法国以 1856 年 2 月法国神父马赖在广西从事非法活动被杀一事作为侵华借口。而英国为了找到一个堂而皇之的侵略借口，急不可耐地制造了一个“亚罗号”事件。亚罗号是一艘中国走私船，曾经在香港领过一张登记证，但早已过期。公元 1856 年 10 月，中国水师在广州附近登上亚罗号拘捕匪徒，遭到英国驻广州领事巴夏礼的抗议。尽管两广总督叶名琛同意交还在亚罗号上被捕的中国水手，但英方仍然不予理睬。10 月下旬，英军突然对广州发起进攻，占领了广州以南的沿江各炮台，并一度冲入广州城内。由于兵力不足及战争准备不充分，1857 年 1 月，英军暂时撤退，等待援军到来。

公元 1857 年 9 月，英国全权代表额尔金统领海陆军抵达香

港。10月,法国全权代表葛罗也率军到达。12月中旬,英法联军5000余人共同发动了对广州的进攻,29日,英法联军占领广州。两广总督叶名琛被俘。广东巡抚、广州将军等人投降英法联军,并在英法联军监视下组织了中国近代史上第一个地方傀儡政权。

公元1858年4月,英法舰队抵达大沽口外海面。5月20日,联军开始发起进攻,大沽炮台在经过顽强抵抗后最终失陷。英法舰队随即沿白河(即海河)而上,很快抵达天津。清政府顿时惊慌失措,连忙派大学士桂良等赶往天津议和。在英法的恐吓下,桂良于6月下旬分别与英、法签订了丧权辱国的卖国条约——中英、中法《天津条约》。《天津条约》规定:外国公使进驻北京;开牛庄(后改为营口)、登州(后改为烟台)、台南、淡水、潮州(后改为汕头)、琼州、汉口、九江、江宁(南京)、镇江等地为通商口岸;中国海关雇用外国人;外国传教士可以自由进入内地进行传教活动;外国人可以进入内地游历通商;外国商船可以在长江各口自由来往;中国向英国赔偿白银400万两,向法国赔偿白银200万两。

公元1859年初,英、法政府分别任命普鲁斯与布尔布隆为驻华公使。6月中旬,英法公使率军舰抵达大沽口外,拒绝清政府从北塘登陆的指定,蛮横地要经由大沽口沿白河进京换约。6月25日,英法军舰向大沽炮台发起进攻。经过整顿的大沽守军奋起反击,击沉击伤英法军舰十余艘,击毙击伤侵略军四、五百名。英法联军狼狈撤出大沽口。

公元1860年4月，英、法全权代表额尔金和葛罗率大批军队再度开进中国。5月下旬，英军占领大连湾。6月初，法军占领烟台，完成了对渤海湾的封锁。8月1日，英法联军在北塘登陆。21日，英法联军攻陷大沽炮台。24日，英法联军占领天津。清军迫不得已退守张家湾、通州(今通县)一线。9月9日，英法联军向通州推进。21日，英法联军在通州八里桥大败清军。次日，咸丰皇帝仓皇逃往热河。10月初，英法联军占领圆明园，在进行了一番肆意抢劫破坏之后，又放火焚烧了圆明园，一座世界上最瑰丽多姿的宫苑杰作就这样毁在了英法侵略军手上。13日，北京留守当局向英、法投降，交出安定门，英法联军兵不血刃就控制了北京城。10月下旬，清政府代表、恭亲王奕䜣与英、法代表先后交换《天津条约》批准书，并签订《北京条约》，第二次鸦片战争至此宣告结束。

《北京条约》规定：开天津为商埠；准许华工出国；割让九龙司地方给英国；发还天主教资产；对英、法赔款增加到800万两。

第二次鸦片战争是清政府再一次向外国侵略者的卑躬屈膝，从而使中国在半殖民地道路上陷得更深了。然而，广大中国人民反抗外国侵略的斗争从未停止过。他们在英法联军所到之处，奋起反击，坚决保卫祖国的每一寸土地，显示了中国人民不屈不挠、誓与敌人奋战到底的英勇气概和伟大的爱国主义精神。

为什么说中法战争中国不败而败？

中法战争又被称为清法战争，是公元1883年12月至1885

年4月(光绪九年十一月至十一年二月),由于法国侵略越南并进而侵略中国而引发的一场战争。中法战争分为两个阶段:第一阶段战场在越南北部;第二阶段战场扩大到中国东南沿海。中法双方在军事上互有胜负,但由于清政府的腐朽昏庸,最后与法国签订了丧权辱国的不平等条约。因此人们都说:“法国不胜而胜,中国不败而败。”

19世纪70年代,已经占据越南南部的法国侵略者开始把魔爪伸向越南北部,并进一步觊觎中国西南边疆。清同治十二年(公元1873年),法军进犯河内。越南政府向中国清政府求援。应越南政府邀请,驻扎在中越边境的黑旗军在刘永福的率领下援越抗法,在河内城外大败法军,击毙法军头目安邺,一举收复河内。

光绪八年(公元1882年),奉行殖民扩张政策的法国茹费理内阁继续增兵越南,再犯河内。黑旗军与越南军民联合作战抗敌。次年5月,双方在河内城西纸桥展开激战,结果法军再次大败,其首领李维业被击毙。同年8月,法国海军中将孤拔率舰队攻陷越南都城顺化,并强迫越南政府签订了《顺化条约》,从而取得了对越南的“保护权”。

清政府内部在法国侵略越南的问题上意见并不统一。李鸿章主张妥协退让,以保和局;左宗棠、张之洞、曾纪泽等人坚决主战。慈禧太后虽然犹豫迟疑于二者之间,但主要倾向于妥协。不过在主战派的影响下,清政府进一步加强了两广驻军的力量,并颁谕嘉奖了刘永福。

公元1883年12月，孤拔率领6000法军进攻广西，挑起了中法战争。广西的防军主要是黑旗军，同时还有七个营正规的桂军和滇军。云南巡抚唐炯率领滇军未战先逃，黑旗军血战5日，终因势孤力单而被迫撤退，山西失陷。至次年4月，法军已先后攻占了北宁、太原、兴化等地，从而控制了红河三角洲地区。

为了推卸战败责任，慈禧太后罢黜以恭亲王奕䜣为首的全部军机大臣，重新组织以礼亲王世铎为领班大臣的军机处新班子。法国利用军事胜利向清政府提出议和。公元1884年5月，清政府派李鸿章前往天津，与法国代表福禄诺进行谈判，并签订了《中法会议简明条约》，简称《中法简明条约》，又称《李福协定》，内容包括：中国承认法国对越南的占领，中国从越南北圻撤兵；法国可经由越南至中国贸易等。

公元1884年6月，法军以接收清军阵地为名，挑起北黎冲突，被中国守军击退。法国以此为借口，扩充远东舰队，准备随时发动战争，并要求中国立即从北越撤军，向法国赔款。同年7月，孤拔率法国舰队开进闽江口，要求在马尾军港停泊。船政大臣何如璋、会办海疆大臣张佩纶害怕拒绝会滋生祸端，挑起战争，于是接受了孤拔的要求，让法舰入港，从而将福建水师置于危险境地。8月5日，法国海军少将利士比率舰队攻击基隆炮台，并意欲强行登陆，遭到清军守军的回击，遂未得逞。8月16日，法国决定增拨军费，进一步扩大侵华战争。8月19日，法国驻北京公使向清政府发出最后通牒，并在清政府答复前撤旗离

开北京，以示决裂。8月23日，孤拔向何如璋、张佩纶发出战书，并突然进攻未作迎战准备的福建水师。福建水师在猝不及防的不利情况下奋起还击。经过一个多小时浴血奋战，福建水师11艘兵舰全部被击毁击沉，伤亡700余人。8月26日，清政府对法国宣战，下令滇桂清军整成进兵，沿海加紧备战。

9月，孤拔率舰队主力再犯台湾，强占基隆。督办台湾事务大臣刘铭传退守淡水，并多次击溃法军。10月23日，孤拔宣布对台湾实行封锁，并怂恿日本出兵侵华。公元1885年初，法国海军进犯浙江。浙江提督欧阳利见、宁绍道台薛福成加筑炮台，敷设水雷，严密布防。3月，法国舰队两次进攻招宝山，双方展开激烈炮战。孤拔被击伤，被迫退据澎湖，不久孤拔因伤重而亡。

在陆路战场上，清军起初处于不利境地。公元1885年2月，法军在主帅尼格里率领下向守卫在谅山的潘鼎新部大举进攻。清军大败，谅山失守。法军乘胜向北追击，一度攻占镇南关(今友谊关)，战况危急。清政府起用老将冯子材为主帅。冯子材整顿溃军，激励将士，率军扼守镇南关外的关前隘，并在隘前筑起一道长约3里的长墙，在东西岭修筑炮台，派兵坚守。3月23日，法军分三路进犯，以主力进攻东岭炮台。冯子材指挥部下在长墙拒敌，并派兵增援东岭，命令王孝祺部抄袭敌人后路。24日，法军从被毁处爬上长墙。冯子材手执长矛，率二子冯相华、冯相荣杀入敌阵。清军士气大振，拼死搏杀，挫败了法军的进攻。王孝祺等人经过激烈奋战，重新夺回东岭失守炮台。与此同

时，中国当地民众及1000多名越南义军前来援战，对法军形成包围之势。25日，冯子材下令发起总攻。法军全线溃退，法军主帅尼格里身负重伤。清军取得了镇南关大捷。冯子材军乘胜进军，先后攻克了文渊、谅山、谷松、威坡等地。与此同时，黑旗军、滇军在临洮大败法军，连克10数州县。法军败局已定。镇南关战役在法国国内引起轰动。30日，巴黎人民上街示威游行，茹费理内阁倒台。

然而，腐败无能的清政府却在英、美、俄等国的“调停”下，决定与法国求和谈判。1885年4月7日，清政府下停战令。前线军民闻讯无不义愤填膺。冯子材致电两广总督张之洞“请上折诛议和之人”。清政府不顾舆论反对，派李鸿章赴天津与法国举行谈判。

公元1885年5月13日，李鸿章与法国政府代表、驻华公使巴德诺在天津开始谈判中法正式条约。6月9日，中法双方签订了《中法会订越南条约》，简称《越南条款》或《中法新约》，又称为《李巴条约》，主要内容是：清政府承认法国对越南的保护权，承认法国与越南订立的条约；中越陆路交界开放贸易，中国边界内开辟两个通商口岸，“所运货物，进出云南、广西边界应纳各税，照现在通商税则较减”；日后中国修筑铁路，“应向法国业者之人商办”；此约签字后六个月内，中法两国派员到中越边界“会同勘定界限”；法军退出台湾、澎湖。

清政府在这次反侵略的战争中，本来有取得最终胜利的希望，但是由于清政府的软弱、无能和妥协，使得中国“不败而败”

（军事上胜利，而政治和外交上失败）。此后，清政府又与法国签订了《中法越南边界通商章程》、《中法界务条约》、《中法续议商务条约》等一系列不平等条约，使法国获得了更多权益，从而使我国的半殖民地化程度进一步加深了。

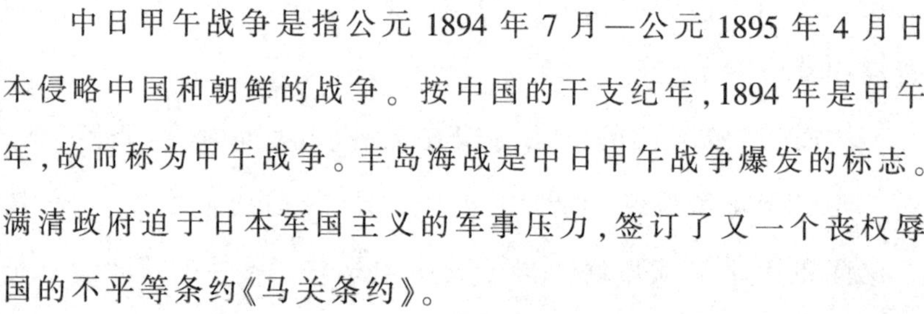

中日甲午战争是怎样一次战争？

中日甲午战争是指公元 1894 年 7 月—公元 1895 年 4 月日本侵略中国和朝鲜的战争。按中国的干支纪年，1894 年是甲午年，故而称为甲午战争。丰岛海战是中日甲午战争爆发的标志。满清政府迫于日本军国主义的军事压力，签订了又一个丧权辱国的不平等条约《马关条约》。

日本自从明治维新以后，迅速走上了军国主义扩张的道路，它首先将侵略矛头指向了朝鲜和中国。公元 1885 年，日本提出以 10 年为期的扩军计划。公元 1887 年，日本军国政府又制定了《征讨清国策》，加紧扩军备战，伺机发动侵略战争。

公元 1894 年 1 月，朝鲜发生东学党起义，朝鲜国王李熙向清政府求援。日本将这一事件看作是发动战争的良机。6 月 2 日，日本以保护在朝日侨为借口，决定出兵朝鲜。6 月 5 日，日本成立战时“大本营”，调遣军队开赴朝鲜。与此同时，日本政府还劝诱中国出兵赴朝，保证日本“必无他意”。6 月 5 日，清政府派直隶提督叶志超、太原总兵聂士成率淮军 1500 人进驻朝鲜，驻扎在汉城以南的牙山。鉴于东学党起义已经被平定，朝鲜局势趋于平稳，清政府于 6 月 8 日向日本提议双方撤兵。日本不

但拒绝了中国的撤兵建议，而且提出两国共同监督朝鲜改革内政的要求，并且继续增兵朝鲜，蓄意扩大事态。截止到6月底，入朝日军已达到万人，并占据了从仁川到汉城一带的战略要地。日本不断向中国军队挑衅，战争一触即发。面对日本的战争威胁，清政府内部意见不一：以光绪帝为首的帝党主战，但却没有实权；以慈禧太后为首的后党主和，由于实权在握而占了上风。在慈禧太后的支持下，力主避战求和的李鸿章将希望寄托在俄、美等国的调停上。然而，西方列强均对日本采取偏袒态度，这使得清政府希望国际调停的幻想最终破灭。

7月20日，清政府派卫汝贵、马玉昆、左宝贵、丰升阿率领4军29营、总兵力1万余人进驻平壤。7月23日，日军攻占朝鲜王宫，成立傀儡政权。7月25日，日本军舰在牙山口外的丰岛附近，向护送兵员的中国海军发动突然袭击。中国的“广乙”、“济远”号军舰负伤，运输船“高升”号被击沉，船上的官兵大部分壮烈牺牲。同日，日本陆军4000多人向驻守牙山的中国军队发起进攻，挑起了侵略中国的战争。7月29日，中日双方激战于成欢驿。日军先头部队在安城渡遭到伏击，随即以重兵猛攻成欢驿。清军由于寡不敌众，叶志超、聂士成先后率军撤出，退至平壤。8月1日，中日双方正式宣战。

9月初，日本政府任命山县有朋为第一军司令官，率领日军第三、第五师团1.6万余人，分四路包围平壤。中朝军民奋起还击。清军将领左宝贵率部在平壤北门玄武门与日军展开血战，不幸中炮牺牲。清军统帅叶志超畏战失措，于是连夜弃职逃走，

致使全军溃退。9 月 16 日，日军攻陷平壤。9 月 17 日，护送运兵船的北洋舰队在行至大东沟海面时，遭遇日本海军中将伊东祐亨指挥的联合舰队的截击。北洋舰队提督丁汝昌随即下令列队迎战。经过 5 个多小时的激战，日军败退，黄海海战结束。北洋舰队损失了 5 艘军舰，牺牲了邓世昌、林永升等优秀将领，日军亦有 5 艘军舰负重伤。

李鸿章为了保存实力，下令北洋舰队退守威海卫（今威海市），并且禁令巡海。日军掌握了海战主动权。10 月下旬，日军分两路大举进犯中国。山县有朋指挥第一军从朝鲜义州渡过鸭绿江，击败四川提督、北洋帮办大臣宋庆统率的清军，并先后攻占了九连城、安东（今丹东）、岫岩、海城等地。清军在摩天岭、田庄台一带修筑坚固防线，挡住日军攻势。由陆军大将大山岩指挥的日本第二军于 10 月 24 日在辽东半岛的花园口登陆，进犯金州。驻守旅顺的清军将领徐邦道率部到金州迎战，由于敌众我寡，徐邦道被迫于 11 月 6 日弃守。11 月 7 日，日军未经大战，轻取大连。11 月 21 日，日军分三路进攻旅顺。徐邦道、程允等率部奋力抵抗，终因孤军作战而大败。11 月 22 日，旅顺失陷。日军攻占旅顺后屠城 4 日，对中国人民犯下了不可饶恕的滔天罪行。

为了清除进犯京津地区的障碍，1895 年 1 月，日本决定组成以大山岩为统帅的“山东作战军”。1 月 20 日，日军用 25 艘舰船运送 2 万士兵在威海卫以东的荣成登陆，然后兵分两路进犯威海卫，并且用军舰正面封锁威海卫港。2 月 1 日至 2 日，威

海卫港南北炮台相继失守，北洋舰队在刘公岛遭到日军围攻。丁汝昌指挥将士们顽强抵抗，但是伤亡惨重，危在旦夕。部分将领伙同洋员逼迫丁汝昌投降，丁汝昌誓死不从，于2月11日夜晚自杀殉国。丁汝昌的部下假托丁汝昌之名向日军致投降书，刘公岛遂被日军占领。清政府经营多年的北洋海军至此全军覆没。

鉴于淮军及北洋海军的失败，清政府决定起用湘军。公元1894年12月28日，清政府任命湘军宿将、时任两江总督、南洋大臣的刘坤一为钦差大臣，督办东征军务、节制关内外各军，湖南巡抚吴大澂和淮军将领宋庆为副帅，征调军队100余营，6万余人，部署在山海关内外。公元1895年2月底，湘军两次向占据海城的日军发起反攻，皆因指挥不当、各部配合不协调而告失败。与此同时，日军乘全歼北洋舰队之机，实现扫荡辽河平原的作战方案。3月上旬，日军从海城出发，在6天之内先后攻占了牛庄、营口、田庄台等战略要地，湘军全线瓦解。3月15日，日军组成澎湖混合支队5000余人，乘8艘军舰，从佐世保军港出发进犯澎湖。3月20日，日军在澎湖岛东面的里正角登陆，向清军炮台发起进攻。清军主将朱上泮弃职逃回厦门。27日，澎湖岛被日军占领。

公元1894年9月底，清政府起用罢黜多年的恭亲王奕䜣主持总理衙门。奕䜣出面请求英、美、俄等国出面调停。公元1895年1月，清政府派户部侍郎、总理衙门大臣张荫桓、湖南巡抚邵友濂为全权大臣，聘美国前国务卿科士达为顾问，赴日本求和。

日本政府以张、邵“全权不足”为借口，拒绝和谈。2月2日，日本首相伊藤博文提出要李鸿章任全权代表，才答应议和。3月初，由于湘军在辽东全线溃败，清军败局已定，清政府被迫不得不接受日本的无理要求，任命李鸿章为赴日议和的全权大臣。

公元1895年3月14日，李鸿章携其子李经方、美国顾问科士达赴日和谈。20日，李鸿章与日本首相伊藤博文、外相陆奥宗光在马关春帆楼进行了谈判。在日本的威逼利诱下，李鸿章与日本代表于4月17日签订了丧权辱国的《中日马关条约》。日本通过这个条约取得大量政治经济利益，勒索巨额赔款，中国被迫割去辽东半岛（辽东半岛后由清政府以3000万两白银赎回）、台湾及澎湖列岛等大片领土。

中日甲午战争及《马关条约》的签订严重损害了中国的利益，进一步加深了中国半殖民地化的危机。同时，甲午战争也加速了日本工业和军事的近代化进程，进一步膨胀了日本军国主义侵略扩张的野心。

八国联军侵华战争经历了怎样一个过程？

自从1894年中日甲午战争中国战败以后，西方列强更加认识到中国满清政府的腐败无能，因而各列强对中国这块肥肉都虎视眈眈、垂涎三尺。19世纪末，西方列强掀起了瓜分中国的狂潮。随着战争赔款数量的进一步加大，人民实在不堪重负，终于引发了义和团运动。清政府面临内忧外患的局面，根本无能为力，因此西方列强更加肆意妄为，在中国境内趁火打劫，恣意横行，为所欲为，妄图吞霸中国。

公元 1898 年，光绪帝任用以康有为、梁启超为首的维新派推行戊戌变法，因为保守派的反对和阻挠而宣告失败。慈禧太后严厉镇压维新运动，将光绪帝软禁于瀛台，并大肆捕杀维新派人士。各国同情维新派遭遇，协助康有为、梁启超逃往国外。慈禧太后打算废黜光绪帝，但由于遭到各国反对而不敢付诸行动，这让她怀恨在心。再加上列强意图瓜分中国，纷纷在中国境内租借港湾、划分势力范围，这就大大助长了慈禧的仇外情绪。

义和团原本是长期流行在山东、直隶（今河北）一带的民间秘密组织。他们利用设立神坛、画符请神等方法秘密聚众，也称为“义和拳”。民间传言义和拳组织的成员有“刀枪不入”的本领。当时，慈禧太后听信愚昧守旧大臣毓贤之言，相信团民能“刀枪不入、枪炮不伤”，于是决定借助义和团力量抗击外国列强势力。慈禧太后派军机大臣刚毅前往涿州视察，但刚毅竟向慈禧奏称“天降义和团，以灭洋人”。因此义和拳以“扶清灭洋”为口号，进入北京城进行“扶清灭洋”的实际斗争。义和团民众所到之处，见外国人、外国教徒就杀，逢外国教堂就焚，遇电线、铁路就拆，并且攻进天津租界。各国公使纷纷要求清政府取缔义和团，但没有获得回应。

义和团运动发生以后，西方列强纷纷乘机对中国出兵，进行大肆掠夺。消息传到俄国，沙皇政府认为是侵略中国的绝好机会。沙俄政府不仅派军积极参加八国联军，而且在 1900 年 7 月 16 日制造了海兰泡惨案。此后，俄国军队相继占领了齐齐哈

尔、吉林、辽阳,并于10月1日进入盛京(沈阳)。俄军所到之处,烧杀掳掠,为所欲为,无恶不作。

公元1900年6月10日,西摩尔率领外国侵略军2000余人,由天津向北京进发,沿途遭到义和团民众的抵抗。6月19日,西摩尔败走天津,途中又遭到民众堵截,死伤400多人。6月22日,西摩尔狼狈退到天津西沽。在西摩尔率军进犯的同时,6月17日,另一支侵略军在大沽登陆,进犯天津,一路上时时受阻,处处挨打。6月23日,这支侵略军在老龙头车站(现天津车站)与在西沽的侵略军会合,然后抵达天津租界,向天津城发起进攻。7月6日,张德成领导义和团民众在紫竹林与侵略军血战三昼夜。由于寡不敌众,7月14日,天津失陷。

侵略军向北京进犯及大沽炮台被攻占的消息传到北京,激起当地民众的极大愤慨。民众们先后将在京挑衅杀人的日本使馆书记生杉山彬和德国公使克林德杀死。6月15日到20日,民众们先后向西什库的外国教堂及东交民巷的外国使馆发起猛烈攻击,有力地打击了外国侵略者的嚣张气焰。

八国联军侵华期间,腐败无能的清政府在民众的压力下,表面上向列强"宣战",背地里却秘密破坏义和团运动,向外国侵略者妥协投降。公元1900年7月14日天津失陷以后,清政府于8月7日任命李鸿章为全权大臣,正式向外国列强求和。各列强原本打算以武力达到瓜分中国的目的,然而在中国军民的强烈反抗下,没能得逞;同时,列强各国各怀鬼胎,貌合神离,你争我夺,矛盾重重,这就使得它们需要继续维护和利用清政府，从而达到通过清政府间接统治中国的目的。

公元1900年12月，列强各国（除了出兵的八国外，又加上比利时、荷兰、西班牙三国）向清政府提出《议和大纲》，而且订立了详细条款。公元1901年9月7日，李鸿章代表清政府在北京正式签字，是为《辛丑条约》，条约的主要内容是：惩办“得罪”列强的官员；派亲王、大臣到德国、日本赔罪；清政府明令禁止中国人民建立和参加抵抗侵略军的各种组织；赔款4亿5000万两白银，分39年付清，本息共计9亿8000万两白银；在北京东交民巷一带设立使馆区，各国均可在使馆区驻兵，中国人不准在区内居住；毁除大沽炮台以及北京至天津海口的各个炮台；各国可以在北京至山海关铁路沿线驻兵。《辛丑条约》签订以后，中国完全沦为半殖民地半封建社会。

太平天国运动经历了怎样的历程？

太平天国是中国清朝后期，由洪秀全创立的农民政权，前身是公元1843年由洪秀全创立的“拜上帝会”。公元1851年，太平天国成立。公元1853年，太平天国建都天京（今南京），太平天国曾占领长江中下游地区。从公元1851年太平天国成立开始，到公元1864年天京陷落为止，太平天国政权共计存在了14年。

鸦片战争以后，清政府将巨额的战争赔款全部以苛捐杂税的形式转嫁到老百姓的身上。加上鸦片和外国商品的大量输入，使中国农村出现了大批游民饥民，引发了人民多次起义。从

鸦片战争结束到太平天国起义前，见于史书记载的农民起义多达 110 多次。

洪秀全是广东省花县官禄村人，从公元 1828 年至 1843 年，他连续数次参加科举考试均告失败，于是对清朝统治产生了极大的不满。最后一次应试落第之后，洪秀全阅读了基督教的布道书《劝世良言》，他将基督教的神权、平等思想与农民的平均思想以及中国传统的大同思想结合起来，创立了“拜上帝会”。公元 1844 年，洪秀全、冯云山到广西紫荆山区发动群众参加其组织。公元 1850 年 7 月，洪秀全命各地会众到金田村团营。到 1850 年年底，“拜上帝会”的会众已达到 2 万多人。公元 1851 年 1 月 11 日，洪秀全在广西桂平县金田村发动起义，建号“太平天国”。

太平军起义后不久，在武宣县东乡洪秀全正式登基，称“天王”，建立军师和五军主将制。公元 1851 年 9 月，太平军攻占永安（今蒙山）之后，在这里封王建制，以左辅正军师杨秀清为东王、右弼又正军师萧朝贵为西王、前导副军师冯云山为南王、后护又副军师韦昌辉为北王、石达开为翼王，其中以东王为大，节制诸王，太平天国中央政权至此初步确立。

太平军在永安休整半年之后，由于清政府派兵前来围攻，洪秀全下令突围进攻桂林，然后又撤兵进攻全州。在战斗中，南王冯云山伤重不治而死。攻克全州之后，太平军进入湖南，先后攻克了道州、郴州，并发布《奉天讨胡檄布四方谕》、《奉天讨胡救世安民谕》等文。公元 1852 年 9 月 11 日，太平军进攻长沙，西王萧朝贵中炮身亡。太平军放弃攻城，继续北上，先后攻克益阳、岳州。公元 1853 年 1 月，太平军攻下汉阳、汉口、武昌，然后溯江东下。同年 3 月 20 日，太平军攻占南京，改名天京，并以此为都城。

为镇压太平天国起义，清政府几乎出动了全部正规军，但仍然未能取胜，因此清政府下令长江南北各省在籍官绅举办团练，协助朝廷镇压太平军。公元 1853 年初，清政府陆续任命了 43 名团练大臣，其中最有“成效”的是湖南湘乡的曾国藩。曾国藩的团练军，称为“湘勇”，也称“湘军”，这是一支完全依靠同乡、同族、师生、同学或亲友的关系组成的军队。士兵由营官自行招募，每营士兵只服从营官一人，各营彼此独立，互不统属。各营官只服从统领一人，层层隶属，全军大权控制在曾国藩手中。湘军以程朱理学教育将士，将领全部由文人担任，提倡以礼治军、官兵互爱、绝对服从。湘军兴起之后，成为太平军的劲敌。

太平军定都天京以后，洪秀全派林凤祥、李开芳等率军 2 万人进行北伐。北伐军抵达天津附近，直逼北京。清廷大为震惊，咸丰帝准备逃往热河。为了应急，天津知县挖开运河放水，北伐军被水阻拦，被迫南撤。公元 1855 年 3 月，林凤祥、李开芳先后被清军捕获，英勇就义，北伐战争宣告失败。

在北伐的同时，洪秀全又派赖汉英率军西征。西征军先后攻克了安庆、九江、汉口、汉阳、武昌、岳州、湘潭等地之后，在湖南遭遇曾国藩的湘军，经过一段时间的激战，赖汉英率领的太平军被曾国藩击败。公元 1854 年 10 月，湘军乘胜出省占领武

汉，然后溯江而下，西征军被迫败退到安徽。此后，太平军与湘军在安徽、江西一带激战数次，互有胜负。太平军经过历时3年的西征战争，控制了天京上游武昌、九江、安庆三大重镇，占领了安徽、江西和湖北大部分地区。

清军乘太平军西征之际，建立了江南、江北两个大营，南北夹攻天京。太平军被迫进行天京破围战。公元1856年2月，燕王秦日纲率领陈玉成、李秀成等从西征前线回师，解除了镇江之围。随后，东王杨秀清又命石达开回师。公元1856年6月，各路太平军合力摧毁了江南大营。此时，太平天国控制了从长江上游的武汉到下游的镇江的广大地区，军事上达到了全盛时期。

"月盈则亏，水满则溢"。太平天国定都天京以后，领导者开始追求奢华的生活享受，而且相互争权夺利，互相残杀，从而导致了最终的失败。公元1856年9月2日，北王韦昌辉率兵进入天京，杀死杨秀清及其亲属以及太平天国骨干力量2万多人，史称"天京事变"。翼王石达开从武昌赶回天京，斥责韦昌辉杀人太多。韦昌辉进攻翼王府，石达开率众连夜逃离天京。洪秀全下令处死韦昌辉。

天京事变后，洪秀全惧怕石达开掌握重权，于是命自己的哥哥洪仁发、洪仁达为安王、福王，以牵制主持朝政的石达开。由于安、福二王昏庸无能，石达开无法发挥才能，而且又担心洪氏集团暗害自己，于是于公元1857年6月率众出走，转战江西、浙江、福建、湖南、广西、湖北、四川、云南、贵州等省，长期

与清军孤军奋战。公元1863年5月，石达开在四川大渡河紫打地（安顺场）被清军包围，石达开打算以牺牲自己来保全部下，于是孤身前往清营，清军则乘机进攻，将石达开的部队全部杀死，石达开也被押到成都处死。

天京事变和石达开的出走，使太平天国从高峰急转直下，也使清军得以休整反扑。公元1857年以后，江南大营、江北大营先后重建，天京又陷入清军的包围之中。公元1864年6月1日，洪秀全在多日以野草充饥后病逝，幼天王洪天贵福继位。7月，天京失陷，李秀成带领幼天王突围，不幸在混乱中失散。7月22日，李秀成在江宁方山被清军俘虏。8月7日，李秀成被曾国藩杀害。10月，幼天王洪天贵福在江西石城荒山山洞被清军搜捕抓获，11月18日在南昌被凌迟处死。

公元1866年初，谭体元率领的长江以南的太平军余部在广东梅县被肃清，江北的太平军赖文光部转投捻军，继续坚持对抗清军。

公元1868年1月5日，东捻军在扬州东北瓦窑铺被清军剿灭。同年8月16日，西捻军在山东茌平徒骇河被李鸿章消灭。公元1869年，最后一支使用太平天国年号的残余捻军袁大魁部在陕北保安被左宗棠消灭。至此，太平天国残余势力全部被清军消灭。

义和团是一个什么组织？

义和团，又被称为义和拳，或被贬称为“拳匪”、“拳乱”、“庚

子拳乱”等。义和团运动是指19世纪末期，在中国发生的一场以“扶清灭洋”为口号，针对西方在华人士包括在华传教士及中国基督徒所进行的大规模的群众暴力运动。义和团的参与者被称为“拳民”。

在义和团运动中，有240多名外国传教士及2万多名中国基督徒被杀死(这是教会方面的统计数字)；同时也有很多与教会无关的中国人被义和团杀害，数量远远超过被害教民；死亡的义和团拳民、义和团支持者以及其他中国人也不计其数。

义和团进据北京时也曾有过奸淫掳掠的劣迹。义和团事件通常与八国联军攻打北京这两件事合在一起。

义和拳原本是长期流行于山东、直隶(今河北)一带的民间秘密会社。有很多人认为义和拳组织与白莲教等传统民间秘密团体有关，这一观点也为现今大多数人所接受；不过也有部分人认为义和团源于一种勤王(指君主制国家中君王有难，而臣下起兵救援君王)的民团组织。这些人利用设立神坛、画符请神等方法秘密聚众，称为“义和拳”，其中掺杂着大量教授信众“刀枪不入”的愚昧成分。

建立之初，义和拳与当时清朝大部分秘密团体一样，反对满族统治，以“反清复明”为口号，因此遭到满清政府的严厉镇压。随着帝国主义对中国侵略的日益加深，中外民族矛盾逐渐取代满汉之争成为社会最主要矛盾，加上清政府对义和团的招抚政策，于是义和团转而支持清廷，全力抗击西方侵略者，并且改名为“虎神营”，口号也改为“扶清灭洋”(公元1898年由义和

团首领赵三多首次提出）。

什么是洋务运动？

洋务运动，是指从公元1861年（第二次鸦片战争结束）开始到公元1894年（中日甲午战争结束）结束，清朝政府内部的洋务派在全国范围内掀起的“师夷之长技以制夷”的改良运动。经过两次鸦片战争，清朝统治阶级内部对如何解决一系列的内忧外患的问题分裂为“洋务派”和“守旧派”两大派。洋务派主张采用官办、官督商办、官商合办等方式发展新型工业，以增强国力，维护清政府的封建统治。洋务派的这些主张对中国的近代化进程起到了一定的积极作用。

公元1860年12月，曾国藩上奏折说，目前借外国力量助剿（国内农民起义）、运粮，可以减少暂时的忧虑；将来学习外国技艺，造炮制船，还可以收到永久的利益。次年，曾国藩对上述看法加以发挥，主张购买外国船炮，访求能人巧匠，先演习，后试造，如此一二年，火轮船必将成为官民通行之物，到那时，剿发（指太平军）捻（捻军）、勤远略就是轻而易举的事了。公元1862年，李鸿章到上海之后，在外国侵略者的协助下训练洋炮队，设立洋炮局。李鸿章认为，在作战时，清军的数量远远超过外敌，甚至是敌人的好几倍，然而仍然不能取胜，原因就在于武器不行。奕訢看到曾、李二人都学习仿造外国船炮，于是决定派人前去学习，他在奏折中说：治国要做到自强，自强以练兵为要，练兵又以制器为先，“我能自强，可以彼此相安”。

"中学为体，西学为用"是洋务运动的主要指导思想，奕訢等人认为，以封建制度为基础，然后再加进一些西方的先进技术（即"中学为体，西学为用"），内可以镇压农民起义，外可以求得自主自强，从而可以使封建统治长治久安。

总理衙门是推动洋务运动的中央机构。但洋务派的主要势力不在中央，而在掌握地方实权的总督和巡抚。慈禧非常清楚，在内忧外患的形势下，要保住清朝的统治地位，必须依靠拥有实力且获得外国侵略者赏识的洋务派，因此她暂时采取了支持洋务派的策略。

在中央，洋务运动以恭亲王奕訢为主要代表；在地方，洋务运动主要以曾国藩、李鸿章、左宗棠、张之洞等人为代表。

洋务运动前期，洋务派以"自强"为旗号，采用西方先进生产技术，创办了一批近代军事工业，如1861年，曾国藩创办的安庆军械所，是中国最早的近代军事工业。

洋务运动后期，洋务派为了解决军事工业资金、燃料、运输等方面的困难，打出了"求富"的旗号，兴办了一批民用工业，如1872年，李鸿章在上海创办的轮船招商局，是中国第一家近代轮船公司，也是洋务派创办的第一个民用企业。

在洋务运动过程中，洋务派创建了一大批军事和民用工业，积极推动了我国的近代化进程，比如：在北京设立了专门培养翻译人才的"同文馆"，这是清朝最早的"洋务学堂"；在兰州建立了兰州织呢局，这是中国最早的一家机器毛纺织厂；在上海建立了机器织布局，这是中国最早的机器棉纺织厂；在上海

创办了江南制造总局，后经过不断扩充成为清政府最大的军事工业；在福州创建了福州船政局，这是清政府经营的设备最齐全的新式造船厂等等。

戊戌变法是怎么一回事？

戊戌变法是指公元1898年（农历戊戌年）以康有为为首的改良派通过光绪帝所进行的资产阶级政治改革运动。改革的主要内容是：学习西方，提倡科学文化，改革政治、教育制度，发展农、工、商业等。戊戌变法遭到了以慈禧太后为首的守旧派的强烈反对，同年9月，慈禧太后发动政变，将光绪帝囚禁于瀛台，谭嗣同等6人（戊戌六君子）被杀害，康有为、梁启超被迫分别逃往法国和日本。戊戌变法从开始到失败，仅仅历时103天，因此戊戌变法也被称为“百日维新”。

公元1895年4月，中日《马关条约》签订的消息传到北京，康有为发动在北京应试的1300多名举人联名上书光绪帝，痛陈中国即将亡国灭种的危急形势，提出拒和、迁都、练兵、变法的主张，史称“公车上书”。“公车上书”揭开了维新变法的序幕。

为了把维新变法运动推向高潮。公元1895年8月，康有为、梁启超等人在北京出版发行《中外纪闻》，鼓吹变法图强，并且组织了强学会。公元1896年8月，《时务报》在上海创刊，成为维新派宣传变法的舆论中心。公元1897年冬，严复在天津主办了《国闻报》，成为在北方宣传维新变法的重要阵地。公元

1898年2月,谭嗣同、唐才常等人在湖南成立南学会,并且创办了《湘报》。到公元1897年底,全国各地已建立以变法自强为宗旨的学会33个,新式学堂17所,出版刊物19种。到1898年,学会、学堂和报馆达到300多个。公元1897年11月,德国出兵强占胶州湾,全国人民群情激愤、义愤填膺。12月,康有为等人第五次上书,指陈中国已处于"瓜分豆剖"的危急形势。公元1898年1月29日,康有为向光绪帝上《应诏统筹全局折》。同年4月,康有为、梁启超在北京成立保国会,为维新变法进一步做准备。

在维新派人士的积极推动和亡国灭种的统治危机下,公元1898年6月11日,光绪帝颁布《明定国是》诏书,宣布维新变法。

在此期间,光绪帝根据康有为等人的建议,颁布了一系列变法诏书和谕令。其主要内容包括:经济上,设立农工商局、路矿总局,提倡开办实业;修筑铁路,开采矿藏;组织商会;改革财政。政治上,广开言路,允许士民上书言事;裁汰绿营,编练新军。文化上,废除八股,兴办西学;创办京师大学堂;设立译书局,派遣留学生;奖励科学著作和发明。这些改革措施,目的在于学习西方先进文化、科学技术和经营管理制度,发展资本主义,建立君主立宪政体,从而实现国富民强。

新政措施虽然没有触及封建统治的根本基础,但是,这些改革措施代表了新兴资产阶级的思想和利益,势必为封建顽固势力所不容。

由于维新变法的改革措施触及了满清权贵显宦、守旧官僚的利益，变法开始后不久，清政府中的顽固守旧派就开始上书慈禧太后，要求杀了康有为、梁启超；奕劻、李莲英等人跪请太后"垂帘听政"；御史杨崇伊多次到天津与荣禄密谋；甚至宫廷内外传言要将光绪帝废除，另立新帝。

9月中旬，光绪帝几次密诏维新派商议对策，但由于维新派没有掌握实权，只得向光绪帝建议重用袁世凯，以对付荣禄等人。16、17日，光绪帝两次密召袁世凯，授予侍郎；18日深夜，谭嗣同密访袁世凯，要他杀死荣禄，带兵救驾。不料谭嗣同刚一离去，袁世凯就向荣禄告了密。

公元1898年9月21日拂晓时分，慈禧太后突然从颐和园赶回紫禁城，并且直接进入光绪帝的寝宫，将光绪帝囚禁于中南海瀛台，然后发布训政诏书，再次临朝"训政"。历史上称此次政变为"戊戌政变"。戊戌政变之后，慈禧太后下令捕杀在逃的康有为和梁启超，逮捕谭嗣同、杨深秀、林旭、杨锐、刘光第、康广仁、徐致靖、张荫桓等人。9月28日，谭嗣同、杨深秀、林旭、杨锐、刘光第、康广仁六人被杀害于北京菜市口；徐致靖被处以终身监禁；张荫桓被遣戍新疆。维新变法的所有新政措施，除京师大学堂被保留外，其余全部被废止。从6月11日到9月21日，进行了103天的戊戌变法运动，以戊戌政变宣告失败。

辛亥革命是怎样一次革命？

辛亥革命，是指发生在中国农历辛亥年（清宣统三年），即

公元1911年到1912年初，旨在推翻清朝封建君主专制制度、建立共和政体的一次全国性的革命。狭义上的辛亥革命，是专指自公元1911年10月10日（农历八月十九）武昌起义爆发，至公元1912年元旦孙中山就任中华民国临时大总统前后这一段时间内中国所发生的革命事件。广义上的辛亥革命则是指自19世纪末开始，到辛亥年成功推翻满清帝制这段时期内在中国范围内发生的一连串革命运动。

20世纪初，资产阶级民主革命思潮在中国迅速传播，进一步推动了民主革命运动的到来。首先觉醒的是新兴知识分子群体。新兴的知识分子群体积极宣传民主革命学说，以报刊为主要阵地，先后创办了《江苏》、《浙江潮》、《苏报》、《中国白话报》等20多种政治性报刊；还出版发行了陈天华的《警世钟》、《猛回头》，邹容的《革命军》等宣传民主革命思想的小册子130多种；除此之外，资产阶级、小资产阶级知识分子还翻译了很多西方资产阶级的社会政治著作，比如蔡元培翻译了德国科培尔的《哲学要领》，严复翻译了赫胥黎的《天演论》、亚当斯密的《原富》等著作。

随着民主革命思潮的广泛传播，国内外出现很多进步的革命团体，其中影响比较大的有兴中会、华兴会、科学补习所以及光复会。公元1905年8月20日，中国同盟会成立。伟大的革命先行者孙中山提出以“驱除鞑虏，恢复中华，创立民国，平均地权”作为同盟会的政治纲领。中国同盟会的成立，标志着中国资产阶级民主革命进入一个新的阶段。

清政府的“铁路国有”政策一公布，立刻引起湘、鄂、川、粤四省各阶层人民的强烈反对，从而展开了轰轰烈烈的保路运动。保路运动规模最大、斗争最激烈的是四川。公元1911年6月，四川成立保路同志会，宣布“以保路、废约为宗旨”。同年9月，全省60多个县成立保路公会，数千万人参加了这场运动。清政府一方面调湖北新军入川，另一方面命“实力弹压”保路运动。四川保路运动的开展成为武昌起义的直接导火线。

四省保路运动兴起的同时，湖北武昌的文学社和共进会便已开始积极准备伺机发动武装起义。1911年10月9日，孙武在汉口机关配制炸药不慎，导致起义机密泄漏，刘复基、彭楚藩等人被捕。10日清晨，彭、刘二人被杀害，清军到处搜捕革命党人。当日晚，武昌城内的新军士兵打死了镇压革命士兵的排长，攻占了楚望台军械库，从而打响了武昌起义的第一枪。经过一夜的激烈奋战，起义军最终占领了武昌城，并成立了湖北军政府。1911年10月12日至13日，起义军又相继攻占了汉阳、汉口。武昌起义的成功，大大鼓舞了全国各地人民的革命斗志，全国各地革命党人纷纷起义响应，最先响应的是湖南和陕西。此后，江西、山西、云南、贵州、浙江、江苏、广西、安徽、四川、福建、广东等省先后宣布脱离清政府而独立。

公元1911年12月29日，孙中山以16票的绝对多数当选为中华民国第一任临时大总统。1912年元旦，孙中山宣誓就职，宣告中华民国正式成立。1月3日，中华民国临时政府成立。1月28日，各省代表会议改组为临时参议院，成为临时政府的最

高立法机关。

南京临时政府成立之后，颁布了一系列有利于推行民主政治和资本主义发展的政策和法令，如：令各省官厅焚毁刑具，废止刑讯；取消清朝律令中各类“贱民”条令；保护华侨；禁止买卖人口；废除主奴身份；下令剪辫子；禁止赌博、缠足、吸食鸦片；鼓励兴办工商业，振兴农垦业，奖励华侨在国内投资；提倡普及教育，删除旧教科书中的封建内容等等。这些政策和法令的颁布，有力地促进了民族资本主义的发展和民主思想的传播。

在孙中山的主持下，3 月 11 日，临时参议院颁布了《中华民国临时约法》，以西方资产阶级的民主制度为蓝本，按照立法、行政、司法“三权分立”的原则，在中国建立一个实行议会制和责任内阁制的资产阶级共和国。

作为一场民主革命，辛亥革命成功推翻了清朝的封建专制统治，结束了中国几千年来的封建君主专制制度，开启了民主共和的新纪元，使民主和共和观念深入人心。作为一场民族革命，辛亥革命的成功对中国国内的民族关系及同时期亚洲其他国家的民族解放运动产生了积极的推动作用。

科技文化篇

清代主要有哪些农学成就？

由于康熙、雍正、乾隆三朝都非常重视农业经济，因此创造了“康乾盛世”的局面。

清朝前期的100多年里，农业生产持续发展，耕地面积不断扩大。公元1661年（顺治十八年），全国耕地面积为526万顷；公元1722年（康熙六十一年）达到851万顷；到公元1725年（雍正三年），已经达到890万顷。清政府提倡因地制宜，采取多种种植方法，从而使粮食产量大幅度提高。高产作物甘薯的种植，由福建、浙江等省推广到了长江流域和黄河流域。经济作物桑、茶、棉花、甘蔗、烟草等的种植也进一步得到推广，当时已经成为商品。

清朝时候，专门从事蔬菜生产的农民也大大增加了。北京郊区的菜农利用“火室”、“地窖”等设备，在冬季栽培韭黄、黄瓜等新鲜蔬菜，并作为商品拿到市场上出卖。

清朝农业经济的发展促进了农学的繁荣。清代的农书约有100多部，尤其以康熙、雍正两朝最为繁盛，主要有《钦定授时通考》、《广群芳谱》、《补农书》等著作。其中，大型综合性农书《钦定授时通考》是由乾隆帝召集一班文人编纂的。该书规模比《农政全书》稍小。由于是皇帝敕撰的官书，各省大都有复刻，因此流传甚广，在国际上也颇具声名。

清代主要有哪些植物学成就？

清代的吴其浚著有《植物名实图考》，这是我国古代具有相当科学水平的重要的植物学专著，共计 38 卷，其中所收之植物共 1714 种，分谷类、蔬菜、山草、隰草等 12 类，记述了每种植物的形色、性味、产地和用途，并有附图 1800 多幅，力求名实相符。书中有很多纠正前人舛误之处，对于中国古代中药本草学的发展，也具有非常重要的作用。此书在著成之前，已先从其所阅览的各种有关书籍中辑录出植物草本，并绘成图形，成《植物名实图考长编》。

陈淏(hào)子，字扶摇，自号西湖花隐翁。陈淏子是我国清代园艺学家，著名园艺学古籍《花镜》的作者。

陈淏子一生喜好读书，爱好栽花植草。陈淏子在明朝灭亡以后，不愿意做清朝的官吏，于是从事花草果木的栽培与研究，并兼以授徒为业。

陈淏子为了能让人们充分了解花卉的种植方法，通过向花农、花友调查访问，并结合对历代花谱的研究，最终在清康熙二十七年(公元 1688 年)写成了《花镜》一书。该书分为 6 卷，卷一为“花历新栽”，除占验和占候外，授时部分，共分为十项，分别列举了各种观赏植物栽培的逐月行事。卷二为“课花十八法”，包括课花大略，辨花性情法，种植位置法，接换神奇法，扦插易生法，移花转垛法，浇灌得宜法，培壅可否法，治诸虫蠹法，变花摧花法，整顿删科法等内容，主要记述观赏植物的栽培原理和管理方法，这一部分是全书的精髓所在。卷三、卷四、卷五这三部分着重叙述花木的名称、形态、生活习性、产地、用途及栽培。卷六附记了一些观赏动物。

《花镜》一共记载了300多种花木果树的品种和栽培方法，是我国现存最早的一部园艺学专著　　。

清代主要有哪些天文地理学成就？

公元1644年，清政府颁行了《时宪历》，改平气为定气，这是历法的又一次改革。《时宪历》一直施行到清朝末年。

清代的平民天文学家王锡阐著有《晓庵新法》、《历说》、《大统西历启蒙》等13种天文学著作，并独立提出计算金星凌日的凌始和凌终方位角的方法等。王锡阐竭力反对和批判脱离实际的态度和唯心主义思想，并同外国传教士否定我国古代科学文化的谬论进行了斗争。

清朝不仅在天文学方面大有成就，在地理学方面也颇有成就。康熙时期，清政府曾组织人力对全国进行大地测量，经过30余年的筹划和测绘工作，制成了《皇舆全览图》。这部地图"不但是亚洲当时所有的地图中最好的一幅，而且比当时所有的欧洲地图都更好、更精确"（李约瑟《中国科学技术史》第5卷）。在《皇舆全览图》的基础上，再依据测绘的新资料，又制成了《乾隆内府皇舆全图》。在这份地图里，第一次详细绘出了我

国的新疆地区。这两幅清朝时期绘制而成的地图，迄今仍具有很大的参考价值。

清代主要有哪些医学成就？

乾隆时期官修的《医宗金鉴》90卷，征集了很多新的秘籍及经验良方，并对《金匮要略》、《伤寒论》等书进行了很多考订，是一部介绍中医临床经验的重要著作。

清代名医王清任在医学上有非常突出的成就，著有《医林改错》一书。王清任强调解剖学知识对医病的重要性，并对古籍中有关脏腑的记载提出了质疑。他通过对尸体内脏的解剖研究，绘制成了《亲见改正脏腑图》25种，改正了前人的不少错误，为我国解剖学的发展做出了很大的贡献。

公元1759年，清代赵学敏与民间“铃医”（走方郎中）赵柏云合作编著了《串雅》。这部书是医学史上一部罕见的符合广大群众需要的很有实用价值的著作。赵学敏十分重视铃医，认为铃医与广大人民群众最接近，能解决群众的实际问题。赵学敏一生著述颇多，除了《串雅》之外，还著有《养素园传信方》、《奇药备考》、《本草话》、《药性元解》等12种，但多已散佚，目前留存于世仅有《本草纲目拾遗》和《串雅内外编》。《本草纲目拾遗》总结了《本草纲目》问世以来在药学方面的新经验，对《本草纲目》进行了重要补正。

清代主要有哪些数学成就？

公元1712年，康熙帝命梅瑴成等人编撰《律历渊源》100卷，其中数学部分为《数理精蕴》共53卷。这是一部当时中国传统数学和引进的西方数学知识的百科全书，基本上反映了当时国内的数学水平。

华蘅芳是我国清代的著名数学家，江苏金匮（今无锡）人，字畹香，号若汀。华蘅芳尤爱数学，他在旧书堆中发现古算书，如获至宝，终日捧读，无师自通。他这种天生的数学造诣，再加上他父亲有意识地给他买古算书引导，为他日后在数学领域作出巨大成就创造了必要条件。

华蘅芳的数学著作主要有《学算笔谈》12卷、《算草丛存》4卷、《开方别术》1卷、《数根术解》1卷、《开方古义》2卷、《积较术》3卷、《算法须知》1卷、《西算初阶》1卷。华蘅芳的数学成就主要在开方术、积较术和数根术三个领域。

华蘅芳在翻译西方数学书籍、传播先进数学知识方面也颇有成就。华蘅芳与英国人傅兰雅合作，共译出数学书籍7种、89卷，具体情况如下：《代数术》25卷，其原著作者是英国人华莱士，该书的主要内容包括：代数、对数、指数的幂级展开式，三角关系式，反三角幂级数展开式，几何问题的代数解法，棣模弗公式等；《微积溯源》8卷，其原著作者是英国人华莱士，该书内容丰富，涉及微分方程等问题；《三角数理》12卷，其原著

作者是英国人J·海麻士,该书是一部比较系统、完整的三角学著作;《代数难题解法》16卷,其原著作者是英国人T·伦德;《决疑数学》10卷,其原著作者是英国人T·加洛韦和R·E·安德森,该书详细叙述了西方概率论史,介绍了有关人口估测、人寿保险、预求定案准确率,以及医疗、邮政领域统计平均数的方法,论述了概率理论、斯特林公式、正态分布及正态曲线等,该书是传入中国的第一部、也是比较完整的一部概率论著作;《合数术》11卷,其原著作者是美国人O·白尔尼,该书主要介绍对数表造法;《算式别解》14卷,其原著作者是美国人E·J·休斯顿和A·E·肯内利。

公元1774年,清代明安图编著了《割圜(圆)密率捷法》,该书证明和扩充了用解析方法求圆周率的公式。明安图还用自己独创的几何方法对三角函数展开式进行了研究。

公元18世纪,清代唯物主义思想家戴震校勘了《周髀算经》、《九章算术》等数学著作,对保存我国古代数学成就作出了突出贡献。

黄宗羲、顾炎武、王夫之为什么被合称为明末清初三大思想家?

明末清初是我国历史上一个激烈动荡的时期。当时,阶级矛盾和民族矛盾都非常尖锐,封建社会的统治危机日益加深,资本主义萌芽在某些地区产生并得以缓慢发展,自然科学也得

到一定程度的发展。在这种形势下，出现了一批进步思想家，他们寻求改革方案，提倡以史为鉴，提倡学术研究与现实相结合，形成了经世致用的思想，其中最为突出的是黄宗羲、顾炎武和王夫之，他们三个人被合称为明末清初三大思想家或清初三大儒，竭力提倡经世致用之学。

黄宗羲，字太冲，号南雷，尊称为南雷先生，晚年自称梨洲老人，世人也称其为梨洲先生，浙江余姚人。黄宗羲是明末清初经学家、史学家、思想家、地理学家、天文历算学家、教育家。他一生著述颇丰，史学、经学、地理、律历、数学、诗文杂著等门类均有所涉及，其中最为著名的有《明儒学案》、《宋元学案》、《明夷待访录》、《孟子师说》、《葬制或问》、《破邪论》、《思旧录》、《易学象数论》、《明文海》、《行朝录》、《今水经》、《大统历推法》、《四明山志》等。黄宗羲生前曾自己整理编定《南雷文案》，后又删订为《南雷文定》、《文约》。

顾炎武，苏州府昆山县(今江苏昆山)人，原名绛，字忠清，明亡后改名炎武，字宁人，尊称为亭林先生。顾炎武是明末清初著名的思想家、史学家、语言学家。他一生致力于学术研究，晚年侧重经学的考证，考订古音，分古韵为10部。他的主要著作有《日知录》、《音学五书》等，他是清代古韵学的开山鼻祖，对切韵学也有所贡献。

王夫之，字而农，号滇斋，别号一壶道人，湖南衡阳人，由于王夫之晚年居住于衡阳的石船山上，因此也被世人称为“船

山先生”。他是明末清初杰出的思想家、哲学家。他对天文、历法、数学、地理学等均有研究，尤其精于经学、史学和文学。他的主要著作有《周易外传》、《周易内传》、《尚书引义》、《张子正蒙注》、《读四书大全说》、《思问录》、《老子衍》、《庄子通》、《相宗络索》、《黄书》、《春秋世论》、《读通鉴论》、《宋论》等。

黄宗羲、顾炎武、王夫之的思想主张有很多相通、相近之处，比如：政治上，反对君主专制独裁，提倡“人民为主”。黄宗羲认为君主专制是天下的大害，提倡“法治”，改革君主专制，他认为衡量治理天下成功的标准应当是看广大百姓快乐与否。顾炎武也强烈反对君主专制，主张限制君权，提出亡国与亡天下的区别。他认为保卫一家一姓的国家是君主及其大臣的事，而保卫天下是所有人的事，即“天下兴亡，匹夫有责”。王夫之认为普天下的土地不能被君主一人占有，而应该是从事农业生产的老百姓皆有权享有一份。经济上，重视手工业和商业的发展，强调经世致用。黄宗羲严厉批驳了轻视工商业的传统思想，指出工商业和农业一样，都是“民生之本”，应当受到保护。顾炎武、王夫之主张文人应该多研究一些有关国计民生的现实问题，反对不切实际的空谈。思想上，批判继承传统儒学，构建具有时代特色的新思想体系。黄宗羲批判旧儒学的“君为臣纲”的思想，继承先秦儒家的民本思想，提出“天下为主，君为客”的思想观念。顾炎武批判道学脱离实际的学风，主张发挥孔子的“博学于文，行已有耻”的积极思想，提倡走出门户，到

实践中求索真知。王夫之批判理学先前宣扬的“天命论”和“生知论”，建立了超越前人的唯物主义体系。

总而言之，黄宗羲、顾炎武、王夫之这三位生活在明清之际的思想家，继承了明末进步的思想传统，反对民族压迫和封建君主专制，强调和重视手工业和商业，批判地继承传统儒家思想，构建了具有时代特色的新的思想体系。他们的这些主张在一定程度上反映了资本主义萌芽的时代要求，具有解放思想及以实践为基础的历史进步性。

“五大奇书”和“晚清四大谴责小说”各指什么作品？

所谓“晚清四大谴责小说”，是中国清朝末期四部谴责小说的合称，包括李宝嘉（李伯元）的《官场现形记》、吴沃尧（吴趼人）的《二十年目睹之怪现状》、刘鹗的《老残游记》和曾朴的《孽海花》。“五大奇书”则是在“晚清四大谴责小说”的基础上再加上吴敬梓的《儒林外史》。

《儒林外史》是我国清朝时期一部杰出的现实主义的长篇讽刺小说，全书故事情节没有明确的主干，不过有一个中心贯穿其间，那就是反对科举制度和封建礼教的毒害，讽刺因热衷功名富贵而造成的极端虚伪、恶劣的社会习气。这在当时无疑是具有重大的现实意义和教育意义的。当然，由于时代的局限性，作者在书中虽然批判了现实的黑暗，却把理想寄托于“品

学兼优”的士大夫身上，宣扬古礼古乐，没有找到改变儒林和社会的真正出路。

《孽海花》是由“爱自由者起发，东亚病夫编述”。“爱自由者”即金天翮，原名懋基，笔名为麒麟、爱自由者、天放楼主人。1903年，金天翮在上海参加爱国学社，鼓吹资产阶级革命，并应《江苏》杂志邀请，写了《孽海花》的前六回，后来交由曾朴修改和续写。“东亚病夫”是曾朴的笔名。曾朴出身封建官僚家庭。1896年，曾朴应试总理衙门受到打击，激起对清政府的不满，赴上海另寻出路，并接受了资产阶级改良派的一些主张。1904年，他开设小说林书社，1907年创办《小说林》杂志，从事小说的编辑和发行工作，《孽海花》的前二十五回就是在这个时期写成的。

《二十年目睹之怪现状》是吴趼人的代表作。全书以主人公“九死一生”的经历为主要线索，从他为父亲奔丧开始，到经商失败结束。揭露了满清末年半殖民地半封建的黑暗现实

《官场现形记》是晚清谴责小说中最具有代表性的作品。全书从中举捐官的下层士子赵温和佐杂小官钱典史写起，联缀串起清政府的州府长吏、省级藩台、钦差大臣乃至军机、中堂等形形色色的官僚，揭露了他们为升官发财而奉迎钻营、蒙混倾轧的丑恶嘴脸，抨击了封建社会崩溃时期旧官场的种种腐败、黑暗和丑恶的现实，构成了一幅清末官僚的百丑图。

《老残游记》是刘鹗的代表作。小说以一位走方郎中老残的

游历为主线,深刻挖掘和剖析了当时的社会矛盾,尤其是书中敢于直斥清官误国、清官害民,指出清官的昏庸有时并不比贪官强多少。这一点对清廷官场的批判是一针见血、切中时弊的。

曹雪芹的主要文学成就是什么?

曹雪芹,清代小说家,名霑,字梦阮,号雪芹,又号芹圃、芹溪。曹雪芹祖籍辽阳,先世原是汉族人,后成为满洲正白旗"包衣"(中国历史上满族社会的最下等阶级,包衣为满族语,是包衣阿哈的简称,包衣即"家的",阿哈即"奴隶",汉语译为家奴、奴隶、奴仆或奴才)。

曹雪芹的曾祖父曹玺曾任江宁织造,曾祖母孙氏曾做过康熙帝玄烨的保姆,祖父曹寅做过玄烨的伴读和御前侍卫,后任江宁织造,兼任两淮巡盐监察御使,很受康熙帝的宠信。康熙帝六下江南,其中四次均由曹寅负责接驾,并居住在曹家。曹寅病故以后,其子曹顒、曹頫先后继任江宁织造。他们祖孙三代四人担任此职长达60年之久。曹雪芹自幼就是在这种"繁华"的生活中长大的。

雍正初年,由于受到封建统治阶级内部政治斗争的牵连,曹家遭到一系列的政治打击。曹頫以"行为不端"、"骚扰驿站"和"亏空"罪名被革职,家产被抄没。曹頫被下狱治罪,"枷号"一年有余。此时,曹雪芹举家迁回北京居住。曹家从此家道中落,一蹶不振。

经历了生活中的巨大转折,曹雪芹深切感受到世态炎凉和人情世故,因此对封建社会有了更加清醒、更加深刻的认识。他蔑视权贵,远离官场,艰苦而倔强地过着一贫如洗的日子。

晚年,曹雪芹移居北京西郊,生活更加穷苦。然而他以坚韧不拔的毅力,专心致志地从事着《红楼梦》的编写和修订。乾隆二十七年(公元1762年),曹雪芹的幼子夭折,从此他陷于无限的忧伤和悲痛之中,卧床不起。同年除夕(公元1763年2月12日),曹雪芹因贫病交加而逝世(关于曹雪芹逝世的时间,另有乾隆二十八年及二十九年两种说法)。

曹雪芹性格傲岸,愤世嫉俗,豪放不羁,才气纵横。曹雪芹是一位诗人。他的诗,立意新颖独特,风格接近唐代诗人李贺。他的友人敦诚曾赞誉他说:"爱君诗笔有奇气,直追昌谷破篱樊。"又说:"知君诗胆昔如铁,堪与刀颖交寒光。"但他的诗大部分已亡佚,仅存题敦诚《琵琶行传奇》两句:"白傅诗灵应喜甚,定教蛮素鬼排场。"

曹雪芹还是一位画家,他非常喜欢画突兀奇峭的石头。敦敏在《题芹圃画石》中说:"傲骨如君世已奇,嶙峋更见此支离。醉余奋扫如椽笔。写出胸中块磊时。"由此可见,曹雪芹画石头时寄托了他胸中郁积的不平之气。

曹雪芹最大的文学贡献还在于小说创作方面。他的小说《红楼梦》内容丰富,思想深刻,艺术精湛,把中国古典小说创作推向了最高峰。

《红楼梦》是曹雪芹“披阅十载，增删五次”，“字字看来皆是血，十年辛苦不寻常”的产物。遗憾的是，在曹雪芹生前，《红楼梦》全书并没有完稿。今天留传的《红楼梦》120回本，其中前80回的绝大部分是出于曹雪芹的手笔，后40回则是高鹗所续写。

长篇小说《红楼梦》代表了中国古典小说的最高成就，它不仅在国内家喻户晓，而且在国际上也是举世公认的文学名著。

《红楼梦》的原名《石头记》，在它最初以手抄本的形式在社会上流传时，就已经深深受到人们的喜爱。由于没有等《红楼梦》最终完稿，曹雪芹就因病去世，因此很多人沿着曹雪芹的思路续写，其中高鹗续写的后40回比较符合原著思想。高鹗基本上遵循了曹雪芹的创作思路，完成了《红楼梦》悲剧的主题。公元1792年，一个叫程伟元的出版家把曹雪芹《红楼梦》的前80回和高鹗续写的后40回合在一起出版了两次，自此《红楼梦》便在中国流传开来。

《红楼梦》以一个悲欢离合的故事为中心，通过一个贵族大家庭的兴衰变化，揭露和批判了封建统治阶级的奢靡、丑恶，昭示了封建社会必然走向灭亡的历史命运。

《红楼梦》一开篇，就将读者带入五光十色的荣国府。这是一个由少数主子和数百奴仆所组成的贵族大家庭。这些贵族家庭成员每天想的无非是如何享乐。在这个贵族家庭中，曹雪芹主要塑造了贾宝玉、林黛玉这两个男女主人公。

男主人公贾宝玉是贯串全书始终的人物。据考证，贾宝玉

这一人物形象，有作者的亲身体验。贾宝玉生长在贵族家庭，家族对他寄予厚望，但是他不喜欢读书，憎恶封建传统思想，讨厌束缚他的家庭，充满叛逆精神。由于他生活在一群美丽、单纯的侍女中间，因此对生活在下层的女性充满同情和怜爱。

林黛玉是曹雪芹着意刻画的女主人公。这个寄居在荣国府的柔弱女子，有着极强的自尊心和外柔内刚的性格，她才华横溢却又多愁善感。她与贾宝玉两小无猜，后来成为生死相恋的情人，但最终他们的爱情却被封建礼教所扼杀。

曹雪芹是一个塑造人物的高手，在《红楼梦》里，共计出现了450多个人物，而每个人物都具有自己的特色。此外，由于曹雪芹对诗词、金石、书画、医学、建筑、烹调、印染等各门学问都非常精通，所以在描写贵族家庭的饮食起居、园林建筑、家具器皿、服饰摆设、车轿排场等方面，都显得相当真实而细腻。

《红楼梦》问世之后，深受人民大众的喜爱，很多青年读者都被宝黛的爱情故事感动得流泪。但是《红楼梦》也引起了封建官僚和封建卫道者的强烈攻击，将其列为禁书。但无论怎么禁止，《红楼梦》却依然在群众中广泛流传下来。

迄今为止，《红楼梦》在国内外已经引起了众多专家学者的广泛关注与研究，被称之为“红学”。

蒲松龄是怎样写成《聊斋志异》的？

蒲松龄，清代文学家，小说家，字留仙，号柳泉居士，山东

省淄博市淄川区洪山镇蒲家庄人。蒲松龄出生在一个家道败落的地主家庭，虽然是书香门第，但却与功名无缘。蒲松龄的父亲蒲盘因为仕途无望，于是弃学经商。蒲松龄 19 岁时，以县、府、道三个第一考取秀才，但此后屡试不第。20 岁时，蒲松龄与同乡学友王鹿瞻、李希梅、张笃庆等人结成“郢中诗社”。后来由于家贫，蒲松龄应邀到李希梅家读书。31—32 岁时，蒲松龄应同邑进士、新任宝应知县、好友孙蕙的邀请，到江苏扬州府宝应县做幕宾。这是蒲松龄一生中唯一一次离乡南游，对他以后创作《聊斋志异》具有非常重要的意义。在这次南游过程中，蒲松龄对南方的自然山水、风俗民情、官场腐败、人民疾苦耳闻目睹，深有感触。他还结交了一些南方下层歌女。北归以后，蒲松龄为了生计，到缙绅家设馆教学。主人家藏书非常丰富，这使得蒲松龄能够广泛涉猎，从而进一步丰富了他的学识，开阔了他的视野。71 岁时，蒲松龄回返自家，过了一段饮酒作诗、闲暇自娱的生活。

蒲松龄一生热衷于科举仕途，却无所成就，因此他对科举制度的不合理深有体验和感触。蒲松龄自幼酷爱民间文学，而且喜欢广泛搜集精怪鬼魅的奇闻异事，并融入自己的生活体验，创作出了杰出的文言短篇小说集《聊斋志异》。据说蒲松龄在创作《聊斋志异》时，曾经专门在家门口开了一家茶馆，请喝茶的人给他讲故事，讲过后可以不付茶钱，听完之后再作修改，然后收入到书里面去，最后才终于完成了这部伟大的短篇

小说集。

《聊斋志异》，简称《聊斋》，俗名《鬼狐传》，是蒲松龄的代表作，在他40岁左右时已经基本完成，此后又经过数次的增补和修改。“聊斋”是蒲松龄的书屋名，“志”是记述的意思，“异”是指奇异的故事。

《聊斋志异》的艺术成就非常高。它成功塑造了很多典型的的艺术形象，人物形象鲜明生动，故事情节离奇曲折，构思布局严谨巧妙，文笔精炼简洁，描写细腻感人，堪称中国古典短篇小说的巅峰。

《聊斋志异》内容非常广泛，共有短篇小说491篇，多涉及狐、仙、鬼、妖。《聊斋志异》写的是一个花妖鬼狐的世界，写得最美丽动人的是那些人与狐妖、人与鬼神以及人与人之间的纯真爱情的篇章。作者以此来概括当时的社会关系，反映当时中国的社会面貌，同时也表达了作者对当时腐败、黑暗社会的有力批判，在一定程度上揭露了社会矛盾，表达了人民的愿望。但是美中不足的是，作品中也夹杂着一些封建伦理观念和因果报应的宿命论思想。

除《聊斋志异》外，蒲松龄还有文集4卷，诗集6卷；杂著《省身语录》、《怀刑录》等多种；戏曲3种，通俗俚曲14种。经后人搜集整理辑为《蒲松龄集》。

洪升主要有哪些文学成就？

洪升，字昉思，号稗畦，浙江钱塘（今杭州）人，清代戏曲作家、诗人。

洪升出身于一个家道衰落的世宦家庭。曾做过二十多年的太学生，但其间十余年旅居于京师，并未获得一官半职。康熙二十八年（公元1689年），由于洪升在佟皇后丧期内观演《长生殿》，因此被捕入狱，革去学籍。出狱之后，洪升往来于吴越山水之间，过着漂泊流浪、穷困潦倒的生活。后来，洪升在浙江吴兴因为醉酒落水而死。

洪升擅长作诗，目前存世的有《稗畦集、续集》、《啸月楼集》。对于洪升的诗，人们评价不一，但总体上说成就不算很高。洪升的主要创作成就体现在戏曲方面。其中最为著名的是传奇《长生殿》、杂剧《四蝉娟》。《四婵娟》由四个单折的短剧合成，分别描写谢道韫、卫夫人、李清照、管夫人这四个历史上才女的故事。而洪升最主要的文学成就集中体现于《长生殿》上。

《长生殿》主要描写唐明皇与杨贵妃的爱情故事。洪升在此剧《例言》中说，他曾三易其稿：最初名为《沉香亭》，后因“排场近熟”，删去了有关李白的情节，而加入了李泌辅佐唐肃宗之事，更名为《舞霓裳》；“后又念情之所钟，在帝王家罕有，马嵬之变，已违夙誓，而唐人有玉妃归蓬莱仙院、明皇游月宫之说，因合用之，专写钗合情缘，以《长生殿》题名。”这一过程就耗费

了十余年的时间，最后一稿写定于康熙二十七年（公元1688年）。

关于唐明皇与杨贵妃的爱情故事，前朝历代的正史、野史、民间传说、文学虚构中都有所涉。《长生殿》通过对这些材料的取舍整合，构成其独特的面貌，如剧中回避杨贵妃曾嫁寿王、与安禄山私通等“秽迹”，标榜“义取崇雅”，认为“一涉秽迹，恐妨风教”，具有对这一历史故事在道德上加以“净化”的目的。当然，这同时也有突出全剧的爱情主题的效果。又如，剧中还着重描写了唐明皇在宠爱杨贵妃的同时又屡次“召幸”梅妃、虢国夫人，引起他与杨贵妃的感情冲突，从而使得他们的爱情故事更为波澜频生、曲折动人。

《长生殿》最为突出的特点有以下两点：

1.剧中对“情”这一核心作了充分的描写和反复的渲染，并把故事的结局，写成一方虽死，犹抱痴情，一方虽生，却痛不欲生，共守前盟，因此感天地、泣鬼神，使得唐明皇、杨贵妃二人共升仙宫，长相厮守。虽然“情”是故事的中心，但是《长生殿》却没有直接写情，而是把“情”从故事中抽象出来，作为具有普遍意义和超越生死的力量来加以歌颂。

2.在写“情”的同时，《长生殿》用了很大的篇幅写安史之乱及有关的社会政治情况，这就使得该剧显得气势宏伟、人物众多、情节更加波澜曲折。因此，该剧既是一部浪漫的爱情剧，又是一部独具特色、值得考究的历史剧。

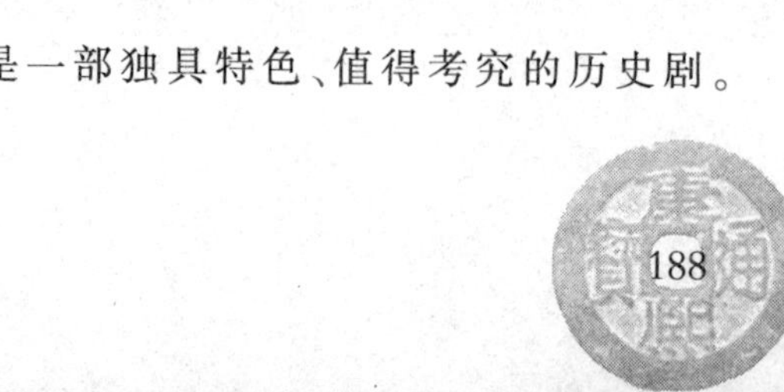

总而言之,《长生殿》是一部以写“情”为主、兼寓政治教训与历史伤感的作品。

除《长生殿》外,洪升还有另外一些作品,但目前仅存5种:《诗骚韵注》(残缺),诗集《稗畦集》、《稗畦续集》、《啸月楼集》,杂剧《四婵娟》。其他戏剧作品如《沉香亭》、《舞霓裳》、《回文锦》、《回龙记》、《闹高唐》、《锦绣图》、《长虹桥》、《天涯泪》、《节孝坊》等俱已失传。

孔尚任有哪些重要的文学成就?

孔尚任,字聘之,又字季重,号东塘,别号岸堂,自称云亭山人,山东曲阜人,孔子第六十四世孙,清初诗人、戏曲作家。孔尚任与《长生殿》的作者洪升齐名,被时人称为“南洪北孔”。

在37岁之前,孔尚任一直在家过着养亲、读书的生活。他接触过一些南明遗民,知道很多南明王朝兴亡的第一手史料和李香君的轶事,由此萌发了写一部反映南明兴亡的历史剧的兴趣,于是他开始了《桃花扇》的构思和试笔。

公元1684年,康熙帝南巡北归,特地到曲阜拜祭孔子。孔尚任因此得以在御前讲经,而且颇得康熙帝的赏识。康熙帝破格授孔尚任为国子博士。孔尚任39岁时,奉命赴江南治理洪水,历时四年。在此期间,孔尚任的足迹几乎踏遍了南明故地,而且和一大批有民族气节的明代遗民结为至交,并且接受了他们的爱国思想。孔尚任积极搜集素材,进一步丰富创作《桃花

扇》的构思。康熙二十九年(公元 1690 年),孔尚任奉命回转京师,并先后任国子监博士、户部主事、广东司外郎等职。

穷尽毕生精力,经过三易其稿,康熙三十八年,52 岁的孔尚任终于完成了《桃花扇》的创作。《桃花扇》一经创作完成,立即赢得人民大众的喜爱,一时间洛阳纸贵,不仅在北京频频上演,而且流传到比较偏远的地方。"命薄忍遭文字憎,缄口金人受诽谤",次年三月,孔尚任被免职。从这些诗句来看,孔尚任之所以被罢官,很可能是由于创作《桃花扇》得祸。

《桃花扇》是孔尚任历经十余年的苦心之作,历来受到读者的好评。剧情大致是这样的:明朝末年,曾经是明朝改革派的"东林党人"侯方域逃难到南京,重新组织"复社",与曾经专权的大宦官魏忠贤的余党、已被罢官的阮大铖斗争。侯方域邂逅秦淮歌妓李香君,两人很快陷入爱河并赠题诗扇……阮大铖匿名托人赠送丰厚妆奁以拉拢侯方域。李香君知悉后坚决退回。阮大铖怀恨在心。弘光皇帝即位后,重新起用阮大铖,阮大铖乘机陷害侯方域,迫使其投奔史可法,并强行将李香君许配他人,李香君坚决不从,欲撞头自尽,血溅诗扇……南明灭亡以后,李香君入山出家。扬州陷落后,侯方域逃回家乡,寻找李香君,最后也出家学道。

全剧除了着重描写李香君和侯方域的爱情之外,还穿插着当时的历史事件,比如南明君臣如何花天酒地,四镇带兵打内战,史可法坚守扬州,城破投河自尽等。

《桃花扇》形象地刻画了明朝灭亡前统治阶层腐化堕落的状态。“以史为鉴，可以知兴亡”，此剧一出，立即引起社会的广泛关注。康熙帝看到其中描写南明皇帝耽于声色的情节，常皱眉顿足说：“弘光弘光，虽欲不亡，其可得乎！”康熙帝从此剧中看到了昏君佞臣亡国的历史教训，因此把这部戏曲作品作为一本统治者的历史教科书加以推崇。

一把桃花扇，在孔尚任手中成为串连纷乱的历史人物与事件的主轴，并且鲜明地昭示出明朝灭亡的必然性。在民族沦落、社稷垂危的时代，作者把高尚的人格赋予一个身为妓女的李香君，将一个孱弱的灵魂赋予一个享有盛名的侯方域，将最深沉的同情寄予社会地位卑微的民间艺人。孔尚任借助他们的口，抒发了自己对民族危在旦夕的有心无力、无力回天的慨叹。

孔尚任一生著述颇多，诗文集有《石门山集》、《湖海集》、《岸堂稿》、《长留集》、《出山异数记》等，戏曲作品除了《桃花扇》外，还有与顾彩合撰的《小忽雷传奇》等，并辑有《人瑞录》、《享金簿》、《平阳府志》、《莱州府志》、《康熙甲子重修孔子世家谱》等。

《四库全书》是怎样一部书？

《四库全书》是中国古代最大的一部官修书，也是中国古代最大的一部丛书，分经、史、子、集四部，故而得名四库。该书共

收录古籍3503种、79337卷、装订成36000余册，保存了丰富的文献资料。

“四库”的名称，源于唐朝初年。唐初，官方藏书分为经史子集四个书库，号称“四部库书”或“四库之书”。经史子集四分法是中国古代图书分类的主要方法，它基本上囊括了古代所有门类的图书，故称“全书”。清朝乾隆初年，学者周永年提出“儒藏说”，主张将儒家著作集中到一起，供人参阅。周永年的提议得到社会的广泛响应，这是编修《四库全书》的社会基础。乾隆三十七年(公元1772年)十一月，安徽学政朱筠提出《永乐大典》的辑佚问题，得到乾隆帝的认可，于是乾隆帝诏令将所辑佚书与“各省所采及武英殿所有官刻诸书”，汇编在一起，名为《四库全书》。这样，由《永乐大典》的辑佚便引出了编纂《四库全书》的浩大工程，这是编纂《四库全书》的直接原因。

《四库全书》分为经、史、子、集四部分，部下有类，类下有属。全书共有4部44类66属。经部主要收录儒家“十三经”及相关著作；史部主要收录史书；子部主要收录诸子百家著作及类书；集部主要收录诗文词总集及专集等。《四库全书》的分类法是中国古代最具代表性的图书分类法之一。

《四库全书》的内容是非常丰富的。按照内容分类，经部主要包括易类、书类、诗类、礼类、春秋类、孝经类、五经总义类、四书类、乐类、小学类等10个大类，其中礼类又分为周礼、仪礼、礼记、三礼总义、通礼、杂礼书6属，小学类又分为训诂、字

书、韵书3属；史部主要包括正史类、编年类、纪事本末类、杂史类、别史类、诏令奏议类、传记类、史钞类、载记类、时令类、地理类、职官类、政书类、目录类、史评类等15个大类，其中诏令奏议类又分为诏令、奏议2属，传记类又分为圣贤、名人、总录、杂录、别录5属，地理类又分为宫殿疏、总志、都会郡县、河渠、边防、山川、古迹、杂记、游记、外记10属，职官类又分为官制、官箴2属，政书类又分为通制、典礼、邦计、军政、法令、考工6属，目录类又分为经籍、金石2属；子部主要包括儒家类、兵家类、法家类、农家类、医家类、天文算法类、术数类、艺术类、谱录类、杂家类、类书类、小说家类、释家类、道家类等14大类，其中天文算法类又分为推步、算书2属，术数类又分为数学、占侯、相宅相墓、占卜、命书相书、阴阳五行、杂技术7属，艺术类又分为书画、琴谱、篆刻、杂技4属，谱录类又分为器物、食谱、草木鸟兽虫鱼3属，杂家类又分为杂学、杂考、杂说、杂品、杂纂、杂编6属，小说家类又分为杂事、异闻、琐语3属；集部主要包括楚辞、别集、总集、诗文评、词曲等5个大类，其中词曲类又分为词集、词选、词话、词谱词韵、南北曲5属。除了章回小说、戏剧著作之外，以上门类基本上囊括了社会上所有门类的图书。

然而，《四库全书》也有诸多不足之处，如：

1.重视儒家典籍，把儒家经典放在突出的位置。

2.轻视科技著作。把西方现代科学技术视为“异端之尤”，

可以“节取其技能，禁传其学术”，因此在《四库全书》中，除了农家、医家和天文算法类收录少数科技著作之外，一般科技著作是不收录的。

3.不收录戏剧著作和章回小说。

4.图书正文或有删节或篡改。

联系当时的政治背景，我们可以看出，编纂《四库全书》的过程，也是一个寓禁于征的过程，即大兴文字狱的过程。据统计，在长达10余年的编修过程中，禁毁图书3100多种、15万部以上。即使是收入《四库全书》的图书中，也有很多删节或篡改。

另外在编纂《四库全书》的过程中，还编写了《四库全书荟要》、《四库全书总目》、《四库全书简明目录》、《四库全书考证》、《武英殿聚珍版丛书》等，这几种书均可以看作是编纂《四库全书》的副产品。

京剧是如何形成的？

京剧，又称为“皮黄”，由“西皮”和“二黄”两种基本腔调组成，也兼唱一些地方小曲调（如柳子腔、吹腔等）和昆曲曲牌。京剧形成于北京，时间大约是在1840年前后，盛行于20世纪三、四十年代，当时有“国剧”之称。迄今为止，京剧仍是具有全国影响的大剧种。京剧的行当全面、表演成熟、气势宏美，是中国戏曲艺术的典型代表，也是中国的“国粹”。

京剧的形成经历了一个非常漫长的过程。清朝初年，京城戏曲舞台上盛行昆曲和京腔（青阳腔）。乾隆中期以后，昆曲逐渐衰落，京腔进一步兴盛，逐渐取代昆曲而一统京城戏曲舞台。乾隆四十五年（公元 1780 年），秦腔艺人魏长生进京。魏长生搭双庆班演出秦腔《滚楼》、《背娃进府》等剧。他扮相俊美，嗓音甜润，唱腔委婉，做工细腻，一出《滚楼》演完，即刻轰动京城，双庆班也因此被誉为“京都第一”。自此之后，京腔逐渐衰微，京腔六大名班大成班、王府班、余庆班、裕庆班、萃庆班、保和班也开始无人问津。京腔艺人为生活所迫，不得不纷纷搭入秦腔班谋生。乾隆五十年（公元 1785 年），朝廷以魏长生的表演有伤风化为由，明令禁止秦腔在北京演出，并将魏长生逐出京城。

乾隆五十五年（公元 1790 年），继三庆徽班落脚京城后（班址位于韩家台胡同内），先后又有四喜、启秀、霓翠、春台、和春、三和、嵩祝、金钰、大景和等班入京。其中以三庆、四喜、和春、春台四家最为出名，因此有“四大徽班”之称。

“四大徽班”的表演风格各有其长，因此当时有“三庆的轴子、四喜的曲子、和春的把子、春台的孩子”的美誉。“四大徽班”除了演唱徽调外，也兼采昆腔、吹腔、四平调和梆子腔，可谓诸腔并举。在表演艺术上，“四大徽班”也是广征博采，汲取各剧种之长，融于徽戏之中。再加上演出阵容齐整，上演的剧目丰富，因此颇受京城观众欢迎。

自从魏长生被迫离京以后，秦腔一度处于萎靡低谷，秦腔

艺人为了生计，纷纷搭入徽班，从而形成了徽、秦两腔融合的局面。在徽、秦合流的过程中，徽班广泛吸取了秦腔的演唱、表演之精华，并大量移植剧本，为徽戏艺术的进一步发展创造了有利条件。

汉剧是主要流行于湖北的一个戏曲剧种。汉剧声腔中的二黄、西皮与徽戏有着血缘关系。徽、汉二剧在进京以前已有广泛的艺术交融。乾隆末年道光初年，先后有汉剧名家米应先、李六、王洪贵、余三胜、龙德云等入京，分别搭入徽班春台、和春班演唱。汉剧演员搭入徽班后，将声腔曲调、表演技能、演出剧目融于徽戏之中，从而使徽戏的唱腔板式更加丰富完善，其唱法和念白也更具有北京地区语音特点。徽、汉合流后，促进了湖北的西皮调与安徽的二黄调再次交流。徽、秦、汉的合流为京剧的诞生奠定了基础。

道光二十年至咸丰十年（公元 1840—1860 年）间，经过徽戏、秦腔、汉调的合流，并借鉴吸纳了昆曲、京腔的某些优点长处而形成了京剧。其标志有四个：第一，曲调板式完备丰富，超越了徽、秦、汉三剧中的任何一种。唱腔由板腔体与曲牌体混合组成。声腔主要以二黄、西皮为主。第二，行当大体完备。第三，形成了一批京剧剧目。第四，程长庚、余三胜、张二奎是京剧形成初期的代表，当时有“老生三杰”、“三鼎甲”之称，即“状元”张二奎、“榜眼”程长庚、“探花”余三胜。这三个人在演唱及表演风格上各具特色，他们在创造京剧的主要腔调西皮、二黄

方面、京剧戏曲形式方面以及具有北京语言特点的说白、字音方面，做出了巨大的贡献。

“扬州八怪”是指哪些人？

“扬州八怪”是清朝中期活动于扬州地区的一批风格相近的画家的总称，也称为扬州画派。实际上，当时活跃在扬州画坛上的重要的画家远远超过八个人，所以“八”并非一个确数。但“扬州八怪”的说法由来已久。至于到底是哪八个人，说法并不统一。根据李玉棻在《瓯钵罗室书画过目考》中所言，“八怪”为：罗聘、李方膺、李鲜(shàn)、金农、黄慎、郑燮、高翔和汪士慎。除此之外，其余各书列名“八怪”的，还有高凤翰、华嵒、闵贞、边寿民等。但今人多从李玉棻之说。

之所以称他们为“八怪”，是因为这八个人在作画时不守墨矩，离经叛道，奇奇怪怪，再加上他们大都个性很强，清高孤傲，行为狂放，所以称之为“八怪”也不足为奇。

金农，字寿门，号冬心，杭州人，为八怪之首。他的画造型奇古、拙朴，布局考究，构思别出心裁。他的作品主要有《墨梅图》、《月花图》等。

黄慎，字恭懋，号瘿瓢，福建宁化人。他以草书入画，自创风格，擅长粗笔写意，人物画造诣最高。他的作品主要有《醉眠图》、《苏武牧羊图》等。

李鲜(shàn)，字宗扬，号复堂，江苏兴化人。他画风粗放，不

拘法度，泼墨淋漓，设色清雅，以“水墨融成奇趣”。他的作品主要有《秋葵图》、《松柏兰石图》等。

李方膺，字虬仲，号晴江，江苏南通人。他善画松、竹、梅、兰，晚年专门画梅自喻。他的作品主要有《游鱼图》、《潇湘风竹图》等。

高翔，字凤翰，号西唐，扬州人。他善画山水、花鸟，喜画疏枝梅花。他的作品主要有《弹指阁图》等。

汪士慎，字近人，号巢林，安徽休宁人。他擅画梅。他与金农、高翔、罗聘合称为“四大画梅高手”，其作品主要有《墨梅图》等。

罗聘，字循夫，号两峰，祖籍安徽歙县，后迁居扬州。他在“八怪”中年辈最小。他的作品主要有《鬼趣图》、《醉钟馗图》等。

郑燮（xiè），字克柔，号板桥，江苏兴化人。他擅画竹、兰、石，还创造了一种集真、草、隶、篆于一体的六分半书体，人称“乱石铺街”体。

郑板桥主要有哪些文化成就？

郑板桥，清代著名画家、书法家，名燮，字克柔，号板桥，江苏兴化人。郑板桥是乾隆时期的进士，曾任潍县县令，生于公元 1693 年 11 月 22 日，卒于公元 1765 年 1 月 22 日，享年 73 岁。

郑板桥一生居住于扬州，以书画营生。郑板桥擅长诗词书画，尤以书画见长，为“扬州八怪”之一，其诗、书、画世称“三绝”。他擅画花卉木石，尤以兰竹著称。郑板桥一生画竹最多，次之则是兰、石，是清代比较有代表性的文人画家。

郑板桥多才多艺，其文化成就主要体现在以下几方面：

1.画竹

郑板桥曾经题道：“吾之竹清俗雅脱乎，书法有行款，竹更要行款，书法有浓淡，竹更要有浓淡，书法有疏密，竹更要有疏密。”郑板桥擅写竹，而且将款题于竹石间，以竹的“介于否，坚多节”来表达自我孤高的情操。

2.工楷隶

郑板桥综合草隶篆楷四体，再加入兰竹笔意，写来大小不一，歪斜不整，自称“六分半书”，他以黄山谷笔致增强作画的气势，以“乱石铺街、浪里插篙”来形容其书法的变化与立论的依据。

3.擅画兰竹

郑板桥自称他画的兰竹为“四时不谢之兰，百节长青之竹”。蒋士铨题画兰诗中说：“板桥作画如写兰，波磔奇古形翩翩，板桥写兰如作字，秀叶疏花是姿致。”

4.诗文特性：

郑板桥的诗文具有三个特点：一、去陈旧套语；二、以白话代替古典；三、暗喻民族志节。

郑板桥的诗文特点可以从他的两首咏竹诗中鲜明地体现出来，第一首为《题竹石》：

咬定青山不放松，

立根原在破岩中。

千磨万击还坚劲，

任尔东西南北风。

这首诗既点出了竹的“处境”，更直接赞誉了竹的贞定，经得起各种磨难考验，俨然是个顶天立地、昂然不屈的烈士，让人望而生敬。

第二首为《题画竹》：

画竹插天盖地来，

翻风覆雨笔头载。

我今不肯从人法，

写出龙须凤尾来。

这首诗前两句写画竹的气势，后两句则双写人与竹的“择善固执”及不与世俗同流合污的个性。